Abstenerse humanos

ABSTENERSE HUMANOS

Guía para la riqueza y el trabajo en la era de la inteligencia artificial

JERRY KAPLAN

TEELL

Humans need not apply.
A guide to Wealth and Work in the Age of Artificial Inteligence.

EDITADO POR TEELL EDITORIAL, S.L.
Primera edición en español: Teell Editorial, S.L. 2016
www.teelleditorial.com
Traductor: Sara Arilla

Diseño cubierta: www.uypdesign.com

ISBN: 978-84-16511-12-9
Depósito Legal: Z 1198-2016
Impreso en España por Talleres Editoriales Cometa, S.A.

TEELL EDITORIAL: **T**odo **E**stá **E**n **L**os **L**ibros

Para Camryn Paige Kaplan
Convierte tus sueños en palabras y hazlos realidad.

CONTENIDOS

* Outroducción: Juego de palabras en contraposición a Introducción. Calco de la palabra Outroduction utilizada en el original inglés.

PRÓLOGO

Soy optimista. No por naturaleza, sino por el plan del gobierno de Estados Unidos.

Después de la humillación de Rusia a Estados Unidos con el lanzamiento en 1957 de Sputnik, el primer satélite espacial, el gobierno decidió que la educación científica debía ser una prioridad nacional. La Guerra Fría estaba en pleno apogeo, y el senador John F. Kennedy convirtió el cierre de la «brecha de los misiles» en el eje central de su campaña presidencial. La cesión del liderazgo en este ámbito floreciente y fundamental era impensable.

Los niños como yo (pero, por desgracia, no muchas niñas) fuimos alimentados con una dieta constante de innovación tecnológica que ensalzaba imágenes utópicas como camino hacia la paz y prosperidad eternas, por no hablar de la forma de vencer a los astutos Russkies. Los ejemplares manoseados de Amazing Stories y Fantastic Adventures ilustraban el modo en que las naves espaciales y pistolas de rayos le ayudarían a salvar el mundo y a conseguir a la chica.

Cuando me mudé a Nueva York con diez años, la ciudad me parecía la Tierra de Oz, y la Feria Mundial de 1964 era la Ciudad Esmeralda. Por menos de veinte centavos, que guardaba en mis mocasines Buster Brown, podía coger el IRT en la estación Grand Central para visitar imágenes centelleantes del futuro como Unisphere, el monorraíl y Progressland de General Electric, en el que los robots animatrónicos de Disney proclamaban «un mañana grande y hermosa» en alegre armonía.

Parecía que el mundo de la ciencia ficción crecía a la vez que yo. Mientras me esforzaba con el cálculo y la geometría sólida, *Star Trek* me ofrecía consuelo y ánimo; seguramente el capitán Kirk había bordado sus exámenes de selectividad. Pero *2001: Una odisea del espacio* llevó las cosas a un nuevo nivel con un destello místico del destino de la humanidad. Fascinado por el halo rojo infinito del Hal 9000, sabía lo que tenía que hacer.

Diez años después, tras obtener la licenciatura en Historia y Filosofía de la Ciencia en la universidad de Chicago y el doctorado en Informática en la universidad de Pensilvania, acepté un puesto de investigación en el laboratorio de inteligencia artificial de Stanford.

Pensaba que había muerto y llegado al cielo. El laboratorio ruinoso, habitado por genios desaliñados y ases peculiares, estaba asentado en una elevación apartada de las suaves laderas al oeste del campus de Stanford. Una música electrónica extraña fluía por los pasillos a altas horas; a veces los robots paseaban sin rumbo fijo por el aparcamiento. Los lógicos debatían con los filósofos si las máquinas podrían tener mente. John McCarthy –fundador del laboratorio, que acuñó el término inteligencia artificial (IA)– rondaba los pasillos acariciando su puntiaguda barba. Un gran espacio abierto en el interior de la estructura semicircular parecía esperar el primer contacto con una civilización avanzada extraterrestre.

Pero hasta en el paraíso puede aumentar la inquietud de los indígenas. Silicon Valley emitía sus cantos de sirena: la oportunidad de cambiar el mundo y hacerse rico al mismo tiempo. Habíamos estado mendigando fondos de investigación para la creación de proyectos; entonces llegó una nueva clase de financieros –inversores de capital riesgo– repletos de recursos económicos.

Algunas empresas startup y treinta años después, por fin contuve mi entusiasmo y me jubilé, lo cual sólo me sirvió para darme cuenta de que no estaba totalmente preparado para perderme en silencio en mi vejez. Una oportunidad inesperada me abrió una nueva puerta: fui invitado a volver al laboratorio de IA de Stanford, pero en esta ocasión como aristócrata canoso, conocedor del extenso y malvado mundo comercial.

Para mi sorpresa, el laboratorio era completamente distinto. Las personas eran igual de brillantes y entusiastas, pero el sentido de misión común había desaparecido. El campo se había fragmentado en varias subespecialidades, lo que dificultaba el diálogo interdisciplinario. La mayoría de la gente estaba tan concentrada en su próximo descubrimiento que me dio la impresión de que se había perdido de vista el panorama general. El objetivo original del campo –descubrir la naturaleza fundamental de la inteligencia y reproducirla de manera electrónica– había dado paso a algoritmos elegantes y demostraciones ingeniosas.

Con la esperanza de recuperar el espíritu inicial del laboratorio, me ofrecí para impartir un curso sobre la historia y la filosofía de la inteligencia artificial. Pero cuando me sumergí en el tema, me di cuenta perfectamente de que había algunos problemas graves que se dibujaban en el horizonte.

Al presenciar suficientes fotogramas de la película, pude apreciar que no era seguro que hubiera un final feliz. Los últimos avances en el área están a punto de ejercer un impacto asombroso en la sociedad, pero no queda claro si realizaremos una transición airosa o saldremos lastimados y maltrechos.

La gente brillante y entregada del laboratorio de IA de Stanford –y sus numerosos compañeros de universidades, centros de investigación y empresas de todo el mundo– trabaja en el equivalente moral del siglo veintiuno al Proyecto Manhattan. Y, al igual que el personal del proyecto supersecreto para elaborar la bomba atómica, solamente unos pocos son conscientes del sobrecogedor potencial de su trabajo para transformar vidas y medios de subsistencia hasta el punto de alterar nuestro concepto de quiénes somos y el lugar que nos corresponde en el universo. Una cosa es fabricar un robot pequeño y adorable, que lea los nombres y las direcciones y después pasee por el pasillo entregando el correo interno; y otra muy distinta es que cada vez existen versiones de esta tecnología más capaces de explotar nuestras granjas, gestionar nuestros fondos de pensiones, contratar y despedir a trabajadores, seleccionar qué artículos nuevos leemos, analizar todos nuestros mensajes para encontrar ideas subversivas y luchar en nuestras guerras.

Por supuesto, pero eso es ciencia ficción. Hemos visto este tipo de cosas en las películas durante décadas, y no ha pasado nada terrible en la vida real. ¿Cuál es el problema entonces? ¿Por qué todo este escándalo ahora?

INTRODUCCIÓN

Bienvenido al futuro

En resumen, después de cincuenta años de trabajo y millones invertidos en investigación, estamos descifrando el código de la inteligencia artificial. Resulta ser algo diferente a la inteligencia humana, o al menos eso es lo que parece en este preciso momento. Pero no importa. En palabras del informático Edsger Dijkstra: «La cuestión de si las máquinas pueden pensar es más o menos igual de importante a la de si los submarinos pueden nadar». No importa si la web que le busca una cita o el robot que le corta el césped lo hace de la misma manera que usted. Posiblemente lo hará más rápida y precisamente y a un coste inferior que usted.

Los últimos avances en robótica, percepción y aprendizaje automático, impulsados por la aceleración de las mejoras en tecnología informática, están posibilitando una nueva generación de sistemas que compiten con las capacidades humanas o las sobrepasan. Es probable que estos progresos marquen el inicio de una nueva era de prosperidad y esparcimiento sin precedentes, pero la transición podría ser excesivamente larga y brutal. Sin ajustes en nuestros sistemas económicos y políticas reguladoras, podríamos llegar a un período extenso de confusión social.

Las señales de advertencia están en todas partes. Las dos grandes lacras del mundo desarrollado moderno –desempleo persistente y desigualdad de ingresos cada vez mayor– atormentan a nuestra sociedad, aunque nuestra economía siga creciendo. Si no se controlan estas cuestiones, podríamos ser testigos del espectáculo de la pobreza extendida, en contraste con un telón de fondo de comodidad y riqueza en aumento. Mi objetivo es ofrecerle un recorrido personal por los avances que alimentan esta transición y los desafíos que plantean para la sociedad. Además, propondré algunas soluciones de libre mercado que faciliten el progreso y al mismo tiempo reduzcan la intrusión del gobierno en nuestras vidas.

El trabajo en inteligencia artificial está avanzando a partir de dos frentes. Los sistemas nuevos de primera categoría, muchos de los cuales ya se han implementado, aprenden de la experiencia. Pero, al contrario que los humanos, que están limitados en el alcance y la escala de las experiencias que pueden absorber, estos sistemas pueden escudriñar montañas de ejemplos instructivos a velocidades deslumbrantes. Son capaces de comprender no solamente la información visual, auditiva y escrita que nos resulta conocida, sino también las formas más extrañas de datos que se transmiten por ordenadores y redes. Imagine lo bueno que sería si pudiera ver a través de miles de ojos, escuchar sonidos lejanos y leer cada palabra al mismo tiempo que se publica; después desacelerar el mundo a un ritmo al que pudiera muestrear y ponderarlo todo cuando le viniera bien; y se hará una idea de cómo sienten su entorno estos sistemas.

Cuando acumulamos datos de una diversidad creciente de sensores que monitorizan aspectos del mundo físico –calidad del aire, flujo del tráfico, altura del oleaje–, además de nuestras propias huellas electrónicas (como la venta de entradas, las búsquedas en línea, las publicaciones en blogs y las transacciones de tarjetas de crédito), dichos sistemas pueden encontrar patrones y captar ideas inaccesibles a la mente humana. Usted podría describirlos razonablemente como una exhibición de inteligencia superhumana, pero es engañoso –al menos para el futuro próximo– porque estas máquinas no son conscientes, ni autorreflexivas, ni muestran ningún indicio de aspiraciones independientes o deseos personales. En otras palabras, no tienen mentes, como comúnmente entendemos la palabra. Son increíblemente buenas en tareas concretas, pero no comprenden totalmente cómo hacen lo que hacen. En la mayoría de los casos se debe a que literalmente no existe ninguna explicación que pueda ser entendida por criaturas simples tal como la entendemos nosotros.

Este ámbito de investigación no posee un nombre aceptado universalmente. Dependiendo del enfoque y el planteamiento, los investigadores lo llaman aprendizaje automático, redes neuronales, *big data*, sistemas cognitivos o algoritmos genéticos, entre otros. Yo simplemente haré referencia de manera genérica al producto de su trabajo como intelectos sintéticos.

Los intelectos sintéticos no están programados en el sentido convencional. Se aúnan apresuradamente, a partir de una colección de herramientas y módulos cada vez mayor, se determina un objetivo, se les indica un tesoro de ejemplos y se liberan. No se puede predecir dónde van a acabar, ni están bajo el control de su creador. Los intelectos sintéticos dentro de poco sabrán más sobre usted que su madre, serán capaces de predecir su comportamiento mejor que usted y le avisarán de peligros que usted ni siquiera puede percibir. Voy a describir con detalles cómo funcionan los intelectos sintéticos y por qué sobrepasan nuestras ideas preconcebidas de lo que pueden hacer los ordenadores.

La segunda clase de sistemas nuevos surge a partir de la unión de sensores y propulsores. Pueden ver, escuchar, sentir e interactuar con su entorno. Cuando se agrupan, usted puede identificar a estos sistemas como robots, pero introducirlos en un único paquete físico no es fundamental. De hecho, en la mayoría de casos no es lo deseable. Los sensores podrían estar esparcidos por todo el entorno, en la parte superior de las farolas o en los teléfonos inteligentes de las personas, con sus observaciones recopiladas y almacenadas en alguna torre de servidores lejana, que después utilizará esta información para formular un plan. Éste podría ejecutarse directamente, por medio del control de dispositivos remotos, o indirectamente, por ejemplo persuadiéndole para que tome algunas medidas deseadas. Frecuentemente, los resultados de dichas medidas se perciben de inmediato y dan lugar a una revisión continua del plan, al igual que lo hace usted cuando dirige la mano para coger un objeto.

Usted forma parte de un sistema como éste cuando sigue direcciones de conducción automática. El programa, que monitoriza su ubicación y velocidad (normalmente por medio de GPS), le dirige y normalmente pone en común su información con la de los demás conductores para detectar las condiciones del tráfico, que utiliza a su vez para fijar su itinerario (y el de los demás) de manera más eficiente.

Quizás su sistema más excepcional sea aparentemente simple porque realiza tareas físicas que las personas consideran rutinas. Aunque carezcan de sentido común e inteligencia general, pueden llevar a cabo sin descanso una variedad increíble de tareas rutinarias en entornos caóticos y dinámicos.

Hasta la fecha, la automatización significaba habitualmente máquinas especializadas que quedaban relegadas a la realización de tareas individuales y repetitivas en plantas de producción, en las que el entorno está diseñado en torno a ellas. En contraposición, estos sistemas nuevos irán de un lado para otro ocupándose de los terrenos, pintando las casas, limpiando las aceras, lavando y doblando la colada. Es posible que trabajen en sintonía con los empleados humanos para colocar tuberías, cosechar cultivos y construir casas, o quizás se implementen de manera independiente en lugares peligrosos o inaccesibles para combatir incendios, revisar puentes, explotar el suelo marino y librar guerras. Haré referencia a estos sistemas incorporados como falsos trabajadores.

Naturalmente, estos dos tipos de sistemas –intelectos sintéticos y falsos trabajadores– pueden trabajar al unísono para desempeñar tareas físicas que requieran un nivel elevado de conocimientos y habilidades, tales como la reparación de vehículos, la realización de intervenciones quirúrgicas y la elaboración de platos de alta cocina.

En principio, todos estos avances no sólo le librarán de los trabajos pesados, sino que harán que sea más eficiente y eficaz, si tiene la suerte de poder permitírselos. Los agentes electrónicos hechos a medida podrían fomentar sus intereses personales, representarle en negociaciones y enseñarle cálculo, pero no todos estos sistemas trabajarán en su nombre.

Los humanos tienen debilidad por los resultados inmediatos. Lo que Jaron Lanier denomina proféticamente «servidores sirena» adaptará los incentivos a corto plazo a sus deseos y le convencerá de que realice cosas que posiblemente no se encuentren entre sus intereses a largo plazo.[1] El irresistible encanto de las

[1] Jaron Lanier, Who Owns the Future? (Nueva York: Simon and Schuster, 2013).

gangas temporales y las entregas más rápidas podrían ocultar la destrucción paulatina del estilo de vida que usted valora y quiere mantener. Puede pedir una olla arrocera nueva por Internet esta noche y que se la entreguen mañana, pero el coste no incluye el cierre progresivo de las tiendas próximas a su domicilio, ni los vecinos que se quedan sin puesto de trabajo.

Una cosa es que estos sistemas recomienden la música que debería escuchar o el cepillo de dientes que debería comprar. Y otra muy distinta es cuando les permitimos que actúen por iniciativa propia o, utilizando la palabra de moda actualmente, los hacemos autónomos. Debido a su funcionamiento en escalas de tiempo que casi no podemos percibir, con acceso a volúmenes de datos que no podemos abarcar, son capaces de causar estragos de una magnitud inimaginable en un abrir y cerrar de ojos (apagar redes eléctricas, suspender todos los despegues de aviones o cancelar millones de tarjetas de crédito).

Es posible que se pregunte por qué motivo una persona fabricaría un sistema que pudiera realizar tales cosas. Es una cuestión de prudencia el hecho de diseñar salvaguardias que protejan frente a acontecimientos poco frecuentes, como los cortocircuitos simultáneos en dos o más líneas de transmisión eléctrica críticas. Parece que estos sucesos catastróficos, que ocurren una vez al siglo, de alguna manera tienen lugar con una regularidad alarmante. Cuando suceden, no hay tiempo para que el supuesto humano al corriente evalúe la decisión en su contexto porque se provoca el daño a la velocidad de la luz literalmente. Aunque suene alarmante, el lanzamiento de un misil nuclear ruso nos dejaría al menos unos minutos para pensar en una línea de acción adecuada, pero un ataque cibernético en una central nuclear podría desactivar sus sistemas de control en un instante. Así que no nos queda otra opción que confiar en que las máquinas nos protejan.

En las tierras salvajes inexploradas del ciberespacio, nunca sabe cuándo dos o más sistemas autónomos, cuyos objetivos entran en conflicto, podrían enfrentarse entre ellos. La magnitud y velocidad de la reyerta electrónica resultante puede tomar las características de un desastre natural. Esto no es hipotético; ya ha ocurrido con consecuencias horribles.

El 6 de mayo de 2010, el mercado de valores se desmoronó inexplicablemente un 9 por ciento (mil puntos en el Promedio Industrial Dow Jones) y la mayor parte de la caída tuvo lugar en cuestión de minutos. Más de un billón de dólares del valor del activo se evaporó temporalmente, dinero que representaba los ahorros para la jubilación de millones de trabajadores, entre otras cosas. Los expertos en bolsas de valores se rascaban las cabezas con incredulidad.

La Comisión de Valores de los Estados Unidos dedicó casi seis meses a averiguar lo que había ocurrido, y la respuesta no es muy tranquilizadora: unos programas informáticos rivales, que compraban y vendían acciones en nombre de sus propietarios, habían perdido el control. En el mundo turbio y hermético de la negociación de alta frecuencia, estos sistemas no sólo dan lugar a pocas oportunidades de beneficios, que aparecen y desaparecen en un instante, sino que además detectan y se aprovechan de las estrategias comerciales del resto.[2]

Lo que los creadores de estos prodigios de tarjetas electrónicas no fueron capaces de anticipar fue el impacto de sus programas entre sí. Los diseñadores desarrollan y prueban sus modelos complejos utilizando datos históricos y, en consecuencia, no pueden predecir la presencia y el comportamiento de fuerzas opuestas e igualmente capaces. El enfrentamiento, aparentemente aleatorio, de estos gigantes agitó todas las bases de nuestro sistema financiero, que es nuestra fe en su justicia y estabilidad. Los economistas dan a este extraño fenómeno nuevo el nombre simple de «riesgo sistémico», que hace que dé la impresión de ser algo que pueda arreglarse con un trago de penicilina reguladora y un buen descanso nocturno.

Sin embargo, la causa fundamental es mucho más siniestra: la aparición de agentes electrónicos invisibles con poderes para tomar medidas en representación de los angostos intereses propios de sus propietarios, que no tienen en cuenta las consecuencias para el resto del mundo. Como dichos agentes son sigilosos e intangibles, no podemos percibir su presencia o entender su potencial. Sería mejor que tuviéramos atracadores robotizados; al menos podríamos verlos venir y salir corriendo.

El Flash Crash de 2010 quizás haya llamado la atención de los reguladores, pero no ha hecho nada para reducir la aplicación de técnicas similares en una gran variedad de campos. Cada vez que usted compra algo, visita una web o publica un comentario en Internet, una multitud oculta de agentes electrónicos, que trabaja para otra persona, le está observando. Han surgido industrias enteras que no hacen nada más que vender armas en forma de programas y datos a las empresas lo suficientemente valientes como para meterse en esta refriega interminable. Más adelante en este libro describiré uno de estos campos con detalle: la monumental pelea grupal que tiene lugar entre bambalinas por el derecho a mostrarle un anuncio cada vez que carga una página web.

La aparición de agentes autónomos poderosos suscita cuestiones éticas serias. Gran parte de la manera en la que repartimos los recursos comunes entre la gente sigue convenciones sociales sobreentendidas. La normativa de urbanismo me permite estacionar cerca de mi casa hasta un máximo de dos horas, basándose en el supuesto de que es poco práctico para mí desplazar mi coche con esa frecuencia. Pero ¿qué ocurre si mi automóvil puede cambiar de lugar él solo? ¿Estará permitido que mi robot personal espere en la fila del cine por mí?

Los automóviles autónomos, que se encuentran a sólo unos años de que se implementen de manera masiva, plantean cuestiones mucho más serias. Las

[2] Por ejemplo, podrían llevar a cabo un estrangulamiento de posiciones cortas por medio del aumento de la oferta de acciones, las cuales hayan sido vendidas por los inversores con pérdidas y obligarles a cerrar sus posiciones a precios todavía mayores para contener sus pérdidas.

decisiones que tendrán que tomar estos dispositivos en fracciones de segundo plantean cuestiones éticas que atormentan a los grandes pensadores desde hace milenios. Imagine que mi coche está cruzando un puente estrecho, y de repente un autobús escolar lleno de niños accede por el otro lado. El puente no tiene cabida para ambos vehículos, así que está claro que para evitar que los dos acaben destrozados uno de ellos tiene que rebasar el borde. ¿Compraría un coche que estuviera dispuesto a sacrificar mi vida para salvar a los niños? ¿Se convertirá la agresividad de un vehículo autónomo en un gancho comercial como el consumo de combustible? Los dilemas morales como éste, que ya no quedan reducidos a las reflexiones de los filósofos, llegarán con urgencia a las puertas de los tribunales.

La aparición de intelectos sintéticos y falsos trabajadores, que actúan como agentes individuales, provocará muchos problemas prácticos. ¿Qué significaría «uno por cliente» cuando el cliente es un robot, y yo poseo una flota entera? ¿Puede mi asistente personal electrónico mentir por mí? ¿Se exigirá denunciarme si le mando servir vino a mi hija de diecisiete años en la cena de Acción de Gracias?

La sociedad elabora leyes y normativas bajo el supuesto de que las personas de manera ocasional pueden emplear cierto grado de criterio individual. ¿Cómo se sentirá si un robot que pasea a un perro no logra evitar que su hijo sea atacado porque está obedeciendo a una señal de «prohibido pisar el césped»? ¿O si un vehículo autónomo se niega a llevarle a toda velocidad al hospital para salvarle tras un paro cardíaco? Nuestros organismos en breve tendrán que confrontar el equilibrio de las necesidades de los individuos frente a los intereses generales de la sociedad de una manera completamente nueva.

Pero todo esto es insignificante en comparación con los peligros económicos que suponen estos sistemas. Un amplio espectro de los obreros y trabajadores administrativos actuales dentro de poco se verán amenazados por los falsos trabajadores e intelectos sintéticos, respectivamente. Una gama asombrosa de actividades productivas, tanto físicas como mentales, será vulnerable a la sustitución por estos nuevos dispositivos y programas. ¿Por qué le contrataría alguien a usted en lugar de comprar uno de ellos?

Estamos a punto de descubrir que Karl Marx tenía razón: la lucha inevitable entre el capital (cuyos intereses son fomentados por los directores) y el trabajo es un caso perdido para los trabajadores. Lo que no entendió perfectamente es que todos somos trabajadores, incluso los directores, los doctores y los profesores universitarios. Como economista, Marx sabía que la automatización industrial sustituía al capital por su trabajo, aunque no tuviera en mente a los falsos trabajadores exactamente. No obstante, lo que no pudo anticipar es que los intelectos sintéticos también son capaces de reemplazar el capital por su mente. Por tanto, el conflicto que describe entre trabajadores mal pagados y directores con altas remuneraciones –personas contra personas– abre el camino equivocado. El verdadero problema es que los ricos necesitarán pocas personas, o ninguna, que trabajen para ellos.

Aunque suene extraño, el futuro será una lucha de activos contra personas, ya que los recursos acumulados por nuestras creaciones carecen de un objetivo constructivo o un uso productivo. Como explicaré más adelante, el supuesto uno por ciento podría corresponder a los beneficiarios de estas tendencias en la actualidad, pero sin especial cuidado con respecto a quién –o qué– podrían pertenecer los activos. Existe una posibilidad real de que el uno por ciento se reduzca hasta un cero por ciento, de la misma manera que las pirámides del antiguo Egipto consumieron los recursos de una sociedad entera para atender los caprichos personales de un solo gobernador. La economía que conocemos en la actualidad, aunque pueda parecer difícil de gestionar, corre el peligro de seguir adelante sin nosotros y tirar por la borda cada vez a más personas. ¿Apagará las luces el último humano despedido? En realidad no es necesario; pueden apagarse solas.

Sin embargo, existen riesgos aún mayores. Cuando pensamos en la IA, tendemos a imaginar un futuro lleno de robots como servidores sumisos o jefes supremos malévolos (elija lo que quiera), o enormes cerebros informáticos enterrados en búnkeres fortificados. No hay nada como la imagen de un androide haciendo muecas para levantar ampollas. Pero se trata solamente de nuestro prejuicio antropomórfico y los innumerables enfoques hollywoodienses que nos llevan por el mal camino. El peligro real proviene de los ejércitos repartidos de falsos trabajadores diminutos, que están organizados como enjambres de insectos, y los intelectos sintéticos incorpóreos que residen en servidores remotos de la nube. Es complicado preocuparse por amenazas que no se pueden ver ni percibir. Simplemente parece que las cosas empeoran de manera inexplicable. Los luditas de los primeros años de la Revolución Industrial podían destrozar los telares que les habían quitado sus empleos, pero ¿cómo puede luchar usted contra una aplicación de un teléfono inteligente?

Los responsables de las políticas actuales se están retorciendo las manos por las causas fundamentales del desempleo persistente y la desigualdad económica, pero sin duda un impulsor subestimado es la aceleración del progreso tecnológico. Como mostraré más adelante, los avances en tecnología de la información ya están destruyendo industrias y puestos de trabajo a tijeretazo limpio, quizás mucho más rápido que la adaptación de los mercados de trabajo, y lo peor está por llegar. Además, están reemplazando capital por trabajo de formas totalmente nuevas, lo cual proporciona una porción desproporcionada de nueva riqueza a personas que ya son ricas.

La réplica habitual es que la mejora de la productividad aumentará la riqueza, lo que hará que nuestros barcos floten, y que surgirán nuevos puestos de trabajos para atender nuestros deseos y necesidades en expansión. Y es cierto, en total y en promedio. Pero cuando uno profundiza en ello, no quiere decir que necesariamente estemos mejor. En los mercados de trabajo, al igual que en el calentamiento global, lo que importa es el ritmo, no el hecho. Quizás los trabajadores actuales no tengan ni tiempo ni posibilidad de adquirir las habilidades requeridas en esos nuevos puestos de trabajo. Y para los ingresos medios no importa si un pequeño cuadro de oligarcas supermillonarios se quedan con la mejor parte, aunque todos los demás vivan en relativa pobreza. La riqueza creciente puede hacer flotar todos los yates, aunque los botes de remo se hundan.

En los primeros capítulos de este libro, voy a exponer algunos conceptos e ideas básicas necesarios para reformular los debates de políticas en curso. Voy a intentar desmitificar la magia bajo la capucha explicando el motivo por el que es incorrecto casi todo lo que cree sobre ordenadores. Si no entiende lo que está pasando en realidad, no puede apreciar lo que es posible que ocurra en el futuro.

Después, propondré soluciones prácticas a algunos de los problemas más graves, como el modo de ampliar nuestro sistema jurídico para regular y hacer responsables a los sistemas autónomos de sus actos. No obstante, las consecuencias económicas son con creces los problemas más serios que tenemos que abordar. La solución obvia y simple –redistribuir la riqueza de los ricos entre los pobres– es imposible en nuestro entorno político actual. Además, no afronta la causa subyacente de los problemas; solamente remueve la olla con la esperanza de evitar que comience a hervir. En lugar de eso, voy a presentar un marco que aplica soluciones de libre mercado para abordar los problemas estructurales subyacentes que estamos provocando.

El desempleo va a ser un problema grave, pero sorprendentemente no por la ausencia de puestos de trabajo. Más bien, porque es posible que las capacidades necesarias para desempeñar los trabajos disponibles evolucionen más deprisa que la adaptación de los trabajadores, si no hay cambios importantes en la manera de formar a nuestra mano de obra. Nuestro sistema educativo y laboral secuencial actual –primero uno va al colegio y después consigue un trabajo– era bueno cuando se podía esperar dedicarse a lo mismo más o menos toda su vida laboral. Pero, con miras al futuro, simplemente no funcionaría. El tipo de puestos de trabajo disponibles cambiará tan rápidamente que quizás sus habilidades queden obsoletas justo cuando crea que empieza a avanzar. Nuestro sistema de formación vocacional actual –remanente de los aprendices y la servidumbre medievales en gran medida– necesita una modernización importante.

Voy a proponer un planteamiento de este problema en forma de un tipo nuevo de instrumento financiero, la «hipoteca laboral», garantizada exclusivamente por su trabajo futuro (ingresos obtenidos), de manera similar al modo en que la hipoteca de su hogar se encuentra asegurada de forma exclusiva por su propiedad. ¿No tiene trabajo? Los pagos se cancelan durante un período de gracia razonable hasta que encuentre otro empleo.

En el sistema propuesto, los empleados y las escuelas poseen incentivos para colaborar de una manera nueva. Los empleadores emitirán cartas no vinculantes con el propósito de contratarle si adquiere unas capacidades específicas y obtendrán ventajas fiscales si al final lo cumplen. Dichas cartas compartirán el mismo objetivo para los prestamistas hipotecarios laborales que el de una tasación para el prestamista hipotecario de un hogar. Las instituciones formativas tendrán que confeccionar sus planes de estudio según las habilidades concretas requeridas por los empleadores patrocinadores, con el objetivo de cumplir los requisitos de los préstamos, o no se inscribirán más alumnos. Usted no tendrá el compromiso a priori de aceptar un puesto concreto si otra persona le hace una oferta mejor, pero al menos tendrá el consuelo de saber que está adquiriendo las capacidades que valora el mercado. De hecho, este esquema introduce una nueva forma de retroalimentación y liquidez en los mercados de trabajo, reforzada por la disciplina del libre mercado.

No obstante, el mayor desafío social será controlar la desigualdad creciente de los ingresos. Voy a proponer una medida objetiva y certificada por el gobierno de la propiedad empresarial –que llamaré índice de beneficio público o IBP–, que puede sentar las bases de diversos programas para que la sociedad se mantenga de manera más equilibrada. Podemos inclinar la balanza en favor de la participación de los ciudadanos en una economía basada en los activos a través de la modificación del impuesto de sociedades según el número de accionistas que se benefician del éxito de la empresa. Pero ¿cómo puede permitirse la adquisición de activos un ciudadano de a pie? En primer lugar, ya tiene más de lo que podría esperar, en forma de fondos de pensiones y Seguridad Social; lo que ocurre es que no lo sabe porque un sistema opaco de fiduciarios gestiona su riqueza por ellos. Tenemos que ofrecer a la gente más visibilidad y control de sus ahorros, con incentivos para que dirijan sus activos a las empresas con mayores IBP. La estabilidad social es un beneficio colateral. La tentación de amotinarse y saquear los grandes almacenes locales se reduce considerablemente si sabe que usted es un accionista.

No necesitamos quitar a los ricos y dar a los menos afortunados porque nuestra economía no se detiene; se expande continuamente; y es probable que este crecimiento se acelere. Así que lo que tenemos que hacer es distribuir los beneficios del crecimiento futuro más ampliamente, y el problema desaparecerá gradualmente. Un programa de incentivos fiscales elaborado cuidadosamente, la transparencia de la cartera y el aumento del control individual de la asignación de activos basado en el IBP nos proporcionan la forma de evitar el vuelco de la oleada creciente de la reducción del bienestar.

Por tanto, ¿por qué los líderes que hemos elegido no pueden valorar mejor la situación y tomar medidas correctivas? Porque usted no puede conducir si no puede ver y no puede discutir lo que no puede expresar. Por ahora, nuestro discurso público carece de los conceptos y ejemplos necesarios para describir correctamente lo que es posible que suceda a medida que se acelera el progreso tecnológico, y mucho menos para guiarnos hacia soluciones razonables.

Dejar que la naturaleza siga su curso –como hicimos en la Revolución Industrial de finales del siglo XVIII y principios del XIX– es una apuesta peligrosa. Los ingresos per cápita aumentaron espectacularmente, pero los cambios implicaron un sufrimiento humano incalculable durante un período amplio de transformación económica. Podemos ignorar la tormenta que se aproxima y con el tiempo todo irá bien, pero «con el tiempo» es mucho tiempo. Sin algo de previsión y acción en la actualidad, posiblemente condenaremos a nuestros descendientes a medio siglo como mínimo de pobreza y desigualdad, exceptuando a unos pocos afortunados. A todo el mundo le gusta jugar a la lotería, hasta que se sabe quién pierde. Estamos deseando ver quién gana antes de tomar medidas.

El santo grial de los empresarios de Silicon Valley es la alteración de industrias enteras porque ahí es donde se hace más dinero. Amazon domina la venta de libros, Uber diezma los servicios de taxi, Pandora sustituye a la radio. Se presta poca atención a la destrucción resultante de medios de subsistencia y activos porque no existen incentivos para hacerlo. Y lo que se está cociendo en los laboratorios de investigación está acelerando el pulso de los inversores de todo el mundo.

Mi objetivo en este libro es dotarle de las herramientas intelectuales, las bases éticas y un marco psicológico necesarios para afrontar estos retos con éxito. Si acabamos siendo pobres desesperados, dispuestos a apostar nuestra última moneda por una posibilidad de unirnos a los ricos de Easy Street, o siendo artistas, atletas y académicos librepensadores cuidados delicadamente por nuestras propias creaciones dependerá en gran medida de las políticas públicas que implementemos en las próximas una o dos décadas.

Naturalmente, muchos escritores talentosos y considerados ya han hecho sonar la alarma sobre los riesgos de los últimos avances tecnológicos. Algunos lo han expresado en forma de interesantes historias;[3] otros han puesto en uso las habilidades analíticas de los economistas.[4] Mi objetivo aquí es aportar una voz distinta al coro creciente de preocupaciones; la mía desde la perspectiva de un empresario tecnológico.

A pesar de esta letanía de tormentos, sigo siendo optimista. Estoy seguro de que podemos crear un futuro de paz eterna y prosperidad ilimitada. Creo firmemente que el mundo será *Star Trek*, no *Terminator*. Al final, el tsunami de nuevas tecnologías hará una entrada triunfal a una era extraordinaria de libertad, comodidad y felicidad, pero va a ser un duro camino si no mantenemos las manos con firmeza sobre la rueda del progreso.

Bienvenido al futuro, que comienza en el pasado.

[3] Marshall Brain, Manna (BYG, 2012).

[4] Erik Brynjolfsson y Andrew McAfee, The Second Machine Age: Work, Progress, and Prosperity in a Time of Brilliant Technologies (Nueva York: Norton, 2014).

CAPÍTULO I

Enseñar a pescar a los ordenadores

En 1960, IBM se dio cuenta de que tenía un problema. En una conferencia, cuatro años antes (en el verano de 1956), un grupo de académicos destacados se reunió para pensar cómo fabricar máquinas que, según decían, «simularan todos los aspectos de la inteligencia humana». El grupo de jóvenes e intrépidos científicos compartió ideas durante dos meses, entre las majestuosas torres georgianas y los exuberantes jardines de Dartmouth College, motivados por la predicción osada de los organizadores de que «puede lograrse un avance importante en uno o más de esos problemas si un grupo de científicos, cuidadosamente seleccionado, trabaja conjuntamente durante un verano».[1] Quizás no se pusieron de acuerdo en muchas cosas, pero adoptaron de forma unánime el nombre «inteligencia artificial» para su trabajo, tal como sugirió su anfitrión, el matemático John McCarthy. Fue un momento emocionante.

Cuando volvieron a sus respectivas instituciones, parece que pocos advirtieron que los objetivos optimistas de la conferencia en gran medida no se habían cubierto. Pero eso no evitó que mostraran su entusiasmo por el área recién acuñada. En poco tiempo, sus predicciones fueron mencionadas en publicaciones de interés general, como *Scientific American* y *New York Times*.[2]

Entre los organizadores de la conferencia se encontraba Nathaniel Rochester, investigador estrella del laboratorio de investigación Watson de IBM, al que solicitaron que dirigiera los esfuerzos emergentes de la IA en la empresa. Sin embargo, a medida que se corría la voz sobre el trabajo de su equipo sobre programas informáticos que jugaban al ajedrez y demostraban teoremas matemáticos, empezaron a aumentar las quejas procedentes de una fuente inesperada.

[1] J. McCarthy, M. L. Minsky, N. Rochester, y C. E. Shannon, A Proposal for the Dart- mouth Summer Research Project on Artificial Intelligence, 1955, http://www-formal.stanford.edu/jmc/history/dartmouth/dartmouth.html.

[2] http://en.wikipedia.org/wiki/Nathaniel_Rochester_(computer_scientist), modificado por última vez el 15 de marzo de 2014.

El planteamiento único del equipo de ventas de IBM era vender el equipo de tratamiento de datos más reciente a la industria y al gobierno. El equipo de ventas, famoso por sus tácticas agresivas y dotado de respuestas para todas las objeciones, empezó a informar a la oficina central de que los responsables estaban preocupados por lo lejos que llegaría este nuevo empujón hacia la IA. Una cosa era reemplazar a los humildes trabajadores que pasaban a máquina las circulares y enviaban las facturas, pero otra muy distinta era insinuar que los mismos ordenadores IBM que les alentaban a comprar podrían amenazar algún día sus propios puestos de trabajo como directores y supervisores.

Para hacer frente a este reto, un informe interno de IBM sugería que la empresa abandonara toda la investigación sobre la IA y cerrara el nuevo departamento de Rochester.[3] Los miembros de la dirección de IBM, quizás preocupados por sus propios puestos de trabajo, no sólo pusieron en marcha estas recomendaciones sino que además proporcionaron a su equipo de ventas la simple respuesta: «Los ordenadores solamente pueden hacer aquello para lo que están programados».[4]

Esta frase clara posiblemente sea uno de los memes culturales más potentes y ampliamente difundidos de la última mitad de siglo. Neutralizó con destreza las preocupaciones sobre las misteriosas cajas de Pandora de colores brillantes que IBM estaba instalando en los suelos elevados de las «salas de ordenadores» especiales climatizadas por todo el mundo. Nada que temer: ¡estos cerebros electrónicos simplemente son sirvientes mecánicos y obedientes que seguirán a ciegas cada instrucción que les dé!

Los programadores con formación en procesamiento secuencial y paso a paso, en el que se descompone un problema en porciones más manejables (llamado «programación estructurada»), se habrían apresurado a darles la razón, quizás todavía hoy. Los ordenadores del momento eran dispositivos monolíticos que cargaban datos a partir de una memoria finita, proporcionaban una instrucción, aplicaban estos datos y almacenaban el resultado. Conectar dos ordenadores (interconexión) era algo inaudito, y todavía más el hecho de tener acceso a volúmenes de información generados y almacenados en otro lugar. La mayoría de los programas podían describirse como una secuencia de instrucciones «haz esto y después lo otro». Aclare y repita.

A pesar de los nobles objetivos del campo, los programas de IA de la época reafirmaron este paradigma. Muchos de los primeros intentos de IA, siguiendo la orientación de los fundadores, se concentraron en conectar axiomas lógicos conjuntamente para alcanzar conclusiones, una forma de prueba matemática. Como consecuencia, solían enfocarse en dominios que eran susceptibles de

[3] Comité de innovaciones en informática y comunicaciones: Clases de historia, informática y telecomunicaciones, Consejo Nacional de Investigación, Funding a Revolution (Washington, D.C.: National Academy Press, 1999), 201.

[4] Daniel Crevier, AI: The Tumultuous History of the Search for Artificial Intelligence (Nueva York: Basic Books 1993), 58, 221n.

análisis y planificación lógicos, como jugar a juegos de mesa, demostrar teoremas y resolver rompecabezas. La otra ventaja de estos problemas «de juguete» era que no necesitaban acceder a grandes cantidades de datos desordenados sobre el mundo real, los cuales escaseaban, cuando menos.

En el contexto de la época, estos intentos quizás pudieran verse como un siguiente paso evidente para la expansión del uso de los ordenadores. Las máquinas fueron concebidas inicialmente como calculadoras de uso general para tareas como la construcción de tablas balísticas para las fuerzas armadas en la II Guerra Mundial. IBM había batido estas espadas electrónicas con éxito en rejas de arado aplicándolas a los números y al procesamiento de letras, palabras y documentos. Los investigadores de IA simplemente estaban ampliando más la clase de datos procesados para incluir símbolos de todos los tipos, ya fueran existentes previamente o inventados recientemente con fines específicos como jugar al ajedrez. Finalmente, este estilo de IA pasó a llamarse enfoque de sistemas simbólicos.

Pero los primeros investigadores de la IA se encontraron rápidamente con un problema: no parecía que los ordenadores fueran lo suficientemente potentes como para desempeñar tareas interesantes. Los formalistas que estudiaban el área arcana de la teoría de la computación sabían que la fabricación de ordenadores más rápidos no podría abordar este problema. No importaba lo veloz que fuera el ordenador, nunca podría controlar lo que se llamó «explosión combinatoria». La resolución de problemas del mundo real por medio del análisis paso a paso tuvo esta mala costumbre de quedarse sin fuerza, de la misma manera que la presión del suministro de agua de una ciudad cae cuando las nuevas y amplias extensiones de tierra se cubren por el desarrollo de la vivienda.

Imagínese encontrar la ruta más rápida desde San Francisco hasta Nueva York por medio de la medición de todos y cada uno de los caminos por los que podría ir: su viaje nunca comenzaría. E incluso en la actualidad, no es la manera en la que le ofrecen las instrucciones de conducción las aplicaciones cartográficas actuales; por eso, quizás haya notado que no siempre toman la ruta más eficiente.

La mayor parte de las décadas siguientes en la investigación de la IA podría caracterizarse por los intentos de abordar el problema de que los enfoques lógicamente sólidos de programación tendían a irse apagando cuando los problemas se hacían más complejos. Se hicieron grandes esfuerzos en el estudio de la heurística, que podría describirse en líneas generales como las «reglas básicas» para reducir los problemas a un tamaño manejable. Básicamente, investigaba una respuesta mientras podía permitírselo, dada la potencia informática disponible, pero cuando las cosas se ponían feas acudía a las reglas que le evitaban perder tiempo en soluciones candidatas que posiblemente no iban a funcionar. Este proceso fue llamado poda del espacio de búsqueda.

Surgieron bases de datos monumentales sobre dónde se encontraba exactamente la inteligencia en estos programas. En poco tiempo, los investigadores de la «programación heurística» se dieron cuenta de que la respuesta no radicaba en la búsqueda a la fuerza de una solución ni el proceso de unión de proposiciones lógicas, sino más bien en las reglas que usaban para la poda.

Muchas de estas normas provenían de expertos en el dominio del problema, como maestros de ajedrez o doctores. Los programadores especializados en entrevistar a expertos para incorporar sus habilidades a los programas de IA se hicieron conocidos como «ingenieros del conocimiento», y los programas resultantes se llamaron «sistemas expertos». Aunque definitivamente estos programas suponían un paso en la dirección correcta, muy pocos resultaron ser lo suficientemente sólidos como para resolver los problemas prácticos del mundo real.

Por lo que naturalmente surgió la pregunta: ¿Cuál es la índole de los conocimientos? ¿De dónde proviene? ¿Podría un programa informático convertirse en un experto automáticamente? La respuesta obvia era que necesitaba muchísima práctica y exposición de ejemplos importantes. Un conductor experto en coches de carreras no nace con la capacidad de llevar un vehículo a sus límites operativos, ni un virtuoso nace sujetando un violín. Pero ¿cómo podría usted conseguir que un programa informático aprendiera de la experiencia?

Un pequeño grupo alternativo de investigadores de la IA, desde los primeros días, pensó que la imitación de las funciones del cerebro humano sería una mejor manera. Reconocían que «haz esto y después lo otro» no era la única forma de programar un ordenador, y se demostró que el cerebro adoptaba un planteamiento diferente y más flexible. El problema era que se conocía bastante poco sobre el cerebro, además de que contiene muchas células estrechamente interconectadas, llamadas neuronas, que parecen intercambiar señales químicas y eléctricas entre ellas.

Así que los investigadores simularon esa estructura en un ordenador, de una forma muy rudimentaria, como poco. Realizaron muchísimas copias de un programa, similar en estructura a una neurona, que aceptaba un montón de entradas y producía una salida en un ciclo repetitivo. Después conectaron esas copias en capas, uniendo las salidas de las capas inferiores a las entradas de las capas superiores. Las conexiones normalmente eran pesos numéricos, así que un peso de cero significaba que no estaban conectadas, y un peso de cien, que estaban conectadas fuertemente. El eje de estos programas era la manera en que ajustaban automáticamente sus pesos en respuesta a los ejemplos presentados en las entradas de la capa inferior de la red. El investigador simplemente presentaba el mayor número de ejemplos posible y accionaba la manivela para propagar esos pesos por todo el sistema hasta que se estabilizaba.[5]

[5] El término técnico para el establecimiento es convergencia. Si dichos sistemas convergen y cómo lo hacen es un planteamiento de mucha investigación.

Siguiendo la tendencia de los investigadores de la IA de antropomorfizar, denominaron «redes neuronales» a estos programas. Sin embargo, era irrelevante si funcionaban realmente de la manera en que los cerebros lo hacen: simplemente era un planteamiento distinto de programación.

La diferencia más importante entre los enfoques de los sistemas simbólicos y de las redes neuronales para la IA es que el primero requiere que el programador predefina los símbolos y normas lógicas que constituyen el campo de discurso del problema, mientras que el último simplemente necesita que el programador presente ejemplos suficientes. En vez de decirle al ordenador cómo resolver el problema, le muestra ejemplos de qué quiere que haga. Suena fantástico, pero en la práctica no funcionó demasiado bien, al menos inicialmente.

Uno de los primeros trabajos de redes neuronales fue realizado por Frank Rosenblatt en Cornell, en 1957, el cual dio el nombre de «perceptrones» a sus neuronas programáticas.[6] Fue capaz de demostrar que, con suficiente formación, una red de sus perceptrones podía aprender a reconocer (ordenar) patrones simples en la entrada. El problema era, al igual que en los programas de sistemas simbólicos, que los resultados eran principalmente pequeñas muestras de problemas de juguete, por lo que era complicado valorar el potencial máximo de este enfoque; por no hablar de que las solicitudes de Rosenblatt para su trabajo irritaron a algunos de sus amables competidores académicos, en especial en MIT.

Para no dejar este desafío sin solución, dos investigadores prominentes de MIT publicaron un documento muy leído que demostraba que si estaba limitada de manera específica una red de perceptrones era incapaz de distinguir algunas entradas, a no ser que al menos uno del nivel inferior estuviera conectado a todos los perceptrones del siguiente nivel; aparentemente un defecto grave.[7] Sin embargo, la realidad era un poco diferente. En la práctica, las redes ligeramente más complejas superaron este problema con facilidad. Pero la ciencia y la ingeniería no siempre actúan de manera racional, y la simple insinuación de que se pudiera demostrar formalmente que los perceptrones tenían limitaciones puso en duda el planteamiento completo. La mayor parte de la financiación se agotó rápidamente (y, por tanto, el progreso).

En este momento, es posible que los lectores cercanos a este campo estén poniendo sus ojos en blanco porque estoy volviendo a contar esta vieja historia que termina con la victoria de los débiles: las décadas de 1990 y 2000 fueron testigos de un resurgimiento de las antiguas técnicas con resultados cada vez más persuasivos. Estos programas –rebautizados como aprendizaje automático y *big data* y mejorados con ingeniería, técnicas y uso de estadísticas

[6] Frank Rosenblatt, «The Perceptron: A Perceiving and Recognizing Automaton», proyecto párrafo informe n.º 85-460-1, Laboratorio Cornell Aeronautical (CAL), enero de 1957.

[7] Marvin Minsky y Seymour Papert, Perceptrons: An Introduction to Computational Geometry, 2.ª ed. (Cambridge: MIT Press, 1972).

avanzados– empezaron a reconocer objetos en fotografías reales, palabras en frases habladas y cualquier otra forma de información que muestre patrones.[8]

Sin embargo, hay una historia más profunda que la del investigador que tiene una idea, la idea queda anulada, y la idea triunfa. Existe un motivo importante por el que el aprendizaje automático era tan débil a finales del siglo XX, en comparación con los sistemas simbólicos, mientras que en la actualidad ocurre lo contrario. La tecnología de la información en general, y los ordenadores en particular, ha cambiado. Ni mucho ni poco, pero de manera tan espectacular que en esencia ahora son bestias diferentes a las de hace cincuenta años.

La escala de este cambio es tan grande que es difícil evocar analogías significativas. El término crecimiento exponencial suena tan a menudo (y de manera tan imprecisa) que la mayoría de las personas no entiende realmente lo que significa. Es fácil de definir –una cantidad que cambia a medida que un número fijo aumentaba a una potencia variable–, pero es complicado para la mente humana comprender qué significa eso. Son ejemplos numéricos las potencias 100, 1.000, 10.000 (potencias de 10) y 32, 64, 128 (potencias de 2). Pero estos números pueden agrandarse alucinantemente y muy rápido. En sólo ochenta pasos en el primero de esos ejemplos de secuencias, la cifra es mayor que el número estimado de átomos del universo entero.

Durante al menos el último medio siglo, se han duplicado las medidas importantes de computación, como la velocidad de procesamiento, la densidad de los transistores y la memoria, cada aproximadamente entre dieciocho y veinticuatro meses, que es un ritmo exponencial (potencia de 2). Al principio de la revolución informática, nadie podría haber predicho que la potencia de estas máquinas crecería exponencialmente durante un período tan prolongado. Gordon Moore, cofundador de Intel, prestó atención a esta tendencia ya en 1965, pero sorprendentemente este patrón ha continuado sin disminuir hasta hoy, solamente con baches mínimos en el camino.[9] Podría haber terminado todo mañana, como efectivamente los observadores preocupados de la industria habían avisado durante décadas. Sin embargo, hasta ahora el progreso avanza sin descanso.

Probablemente usted se haya tropezado con este notable logro sin darse cuenta. Es posible que su primer teléfono inteligente tuviera ocho amplios gigabytes de memoria, un pequeño milagro para su época. Dos años más tarde,

[8] En este punto es probable que los lectores que trabajen en el ámbito de la IA estén poniendo los ojos en blanco, ya que he agrupado las redes neurales, el aprendizaje automático y el *big data* conjuntamente como si fueran diferentes nombres para la misma cosa. En realidad, muchas de las técnicas utilizadas en las dos últimas áreas no están basadas en nada parecido a las neuronas. El elemento común, a efectos de este debate, es que todas adoptan el mismo enfoque funcional: crean un programa que extrae la señal del ruido de grandes grupos de datos para que puedan servir como abstracciones para la comprensión del domino o la clasificación de los datos adicionales.

[9] Gordon E. Moore, «Cramming More Components onto Integrated Circuits», Electronics 38, n.º 8 (1965).

si se tomó la molestia de actualizarlo, es posible que saltara a dieciséis gigabytes de memoria. Después, treinta y dos. Luego, sesenta y cuatro. El mundo no ha llegado a su fin, pero tenga en cuenta que su teléfono contiene ocho veces más memoria que la que tenía tres actualizaciones antes, prácticamente por el mismo precio. Si su coche hubiera multiplicado por ocho el combustible que consumía hace seis años, en el orden de aproximadamente doscientas millas por galón, quizás lo habría notado más.

Ahora proyéctelo hacia el futuro. Si actualiza su teléfono cada dos años durante los próximos diez años, resulta razonable esperar que llegue a dos terabytes (dos mil gigabytes). La mejora equivalente en consumo de combustible para su coche sería más de seis mil millas por galón. Podría conducir desde la ciudad de Nueva York hasta Los Ángeles y volver con un galón, y todavía le quedaría suficiente para llegar a Atlanta en invierno antes de repostar, simplemente con otro galón.

Imagínese cómo cambiarían las cosas con un consumo así. El combustible realmente sería gratis. La extracción de petróleo llegaría a detenerse prácticamente. Las aerolíneas y empresas de transporte se pelearían constantemente por adoptar la última tecnología hipereficiente del motor. El coste de la entrega de paquetería, fletes, billetes de avión y bienes de consumo caería considerablemente. Esta tasa de variación veloz es precisamente la que se da en la industria informática, y los efectos secundarios están transformando las empresas y los mercados de trabajo de todo el mundo.

Su teléfono podría tener dos mil gigabytes de almacenamiento. ¿Qué significa eso? Para ponerlo en perspectiva, su cerebro contiene unas cien «giganeuronas». No es por insinuar que veinte bytes de memoria informática sean tan potentes como una neurona, sino para que se haga una idea. Es bastante posible, o incluso previsible, que en una o dos décadas su teléfono inteligente tenga en principio tanta potencia de procesamiento como su cerebro. Resulta complicado incluso imaginar en la actualidad qué haremos con toda esa potencia, y muy posiblemente esté a la vuelta de la esquina. Para mis hijos, esta historia es sólo la divagación de un viejo que habla sobre los buenos tiempos. Pero para mí es algo personal. En las vacaciones del invierno de 1980 en Stanford, ayudé a unos investigadores de SRI International a crear un programa que pudiera de responder preguntas planteadas en inglés a una base de datos. Aunque la capacidad lingüística del sistema era rudimentaria comparada con la actual, el líder del equipo, Gary Hendrix, fue capaz de utilizar esta demostración para conseguir financiación de capital riesgo para una empresa nueva que ingeniosamente llamó Symantec.

Aislado en mi sótano durante dos semanas enteras, improvisé la arquitectura de una base de datos flexible para respaldar el proyecto. Gary me había prestado un ordenador personal de última generación, el Apple II. Esta extraordinaria máquina almacenaba información en disquetes y soportaba un máximo de cuarenta y ocho mil bytes de memoria. Para ponerlo en perspectiva, ese Apple II podía almacenar alrededor de un segundo de música con calidad de CD. Por el contrario, el teléfono que llevo hoy, que tiene sesenta y cuatro gigabytes de memoria, puede contener unos doce días de música con calidad de CD. Literalmente, mi teléfono tiene más de un millón de veces más memoria que aquel Apple II, por un precio muy inferior.

¿Qué significa un factor de un millón? Piense en la diferencia entre la velocidad a la que avanza un caracol y la de Estación Espacial Internacional cuando está en órbita. Solamente es un factor de medio millón. El ordenador desde el que escribo estas palabras tiene muchísima más potencia informática de la que disponía todo el laboratorio de IA de Stanford en 1980.

Aunque es posible comparar la potencia de procesamiento y la memoria de los ordenadores de hoy y de ayer, los avances en la redes ni siquiera pueden ser cuantificados de manera significativa. En 1980, a todos los efectos prácticos, el concepto casi no existía. El protocolo de Internet, la base de lo que en la actualidad llamamos direcciones IP, ni siquiera se había estandarizado antes de 1982.[10] Hoy en día, literalmente mil millones de dispositivos son capaces de compartir datos casi de manera instantánea, como puede comprobar cada vez que realiza una llamada telefónica o envía un mensaje de texto. La enorme y creciente montaña de datos de casi cualquier tipo, almacenada en dispositivos a los que puede acceder a través de Internet, es asombrosa.

¿Cómo afectó esto al éxito relativo de los diversos planteamientos sobre la IA? En algún momento, las diferencias suficientemente grandes en la cantidad se hicieron cualitativas. Y la evolución de los ordenadores claramente se encuentra en esta categoría, aunque el progreso quizás se vea de forma gradual diariamente, o entre regalo y regalo navideño. Como es de esperar, las máquinas tan enormemente diferentes en potencia necesitarán distintas técnicas de programación. No se hace correr a un caracol de la misma manera que a una nave espacial.

El enfoque original de sistemas simbólicos se adaptó a los ordenadores disponibles en ese momento. Como se disponía de muy pocos datos legibles por medios informáticos, y no existía ningún medio para almacenar un volumen importante, los investigadores realizaron un trabajo artesanal con la información que meticulosamente extraían a partir de entrevistas con especialistas. El centro de atención era la elaboración de algoritmos eficientes para buscar una solución porque la potencia de procesamiento reducida no permitía algo más ambicioso.

El enfoque alternativo de la red neuronal (más comúnmente denominado «aprendizaje automático» hoy en día), que trataba de adquirir conocimientos a partir de los ejemplos, necesitaba demasiada memoria y datos para que los ordenadores antiguos mostraran resultados significativos. No existían fuentes

[10] Ronda Hauben, «From the ARPANET to the Internet», modificado por última vez el 23 de junio de 1998, http://www.columbia.edu/~rh120/other/tcpdigest_paper.txt.

de ejemplos lo suficientemente grandes como para alimentar los programas. Y aunque fuera capaz, el número de neuronas que podría simular sería demasiado pequeño como para descubrir algo diferente a los patrones más simples.

Pero a medida que pasaba el tiempo, la situación se fue invirtiendo. Los ordenadores actuales no sólo representan literalmente mil millones de neuronas, sino que gracias a Internet pueden acceder fácilmente a enormes tesoros de ejemplos de los que adquirir información. En contraposición, no hay gran necesidad de entrevistar a especialistas y hacer entrar con calzador sus perlas de sabiduría en los módulos de memoria y procesadores que son extremadamente pequeños y lentos en comparación con los que existen hoy en día.

Las importantes sutilezas de esta revolución tecnológica son fáciles de pasar por alto. Hasta la fecha, no parece que existan limitaciones en lo que los programas especialistas de aprendizaje automático puedan llegar a convertirse. Da la impresión de que los programas actuales cada vez se hacen más inteligentes, en proporción a la cantidad de ejemplos a la que tienen acceso, y el volumen de datos de ejemplos aumenta a diario. Los sistemas de aprendizaje automático actuales –libres de la dependencia de los humanos para codificar, y alimentados de la información necesaria, o para enseñarles cómo resolver problemas– sobrepasan rápidamente las capacidades de sus creadores y solucionan problemas que razonablemente no se esperaría que ningún humano pudiera afrontar. El antiguo proverbio, actualizado de forma adecuada, se aplica igualmente bien a máquinas y personas: «Dale datos a un ordenador, y lo alimentarás durante un milisegundo; enseña a un ordenador a buscar, y lo alimentarás durante un milenio».[11]

En la mayoría de casos, es imposible que los creadores de programas de aprendizaje automático escudriñen en su estructura compleja y cambiante para entender o explicar lo que saben o cómo pueden resolver un problema, al igual que yo no puedo estudiar su cerebro para saber lo que está pensando. Estos programas no son capaces de expresar lo que hacen y cómo lo hacen mejor que los especialistas humanos; simplemente saben la respuesta. Se entienden mejor como el desarrollo de sus propias intuiciones y la actuación por instinto: no tiene nada que ver con la vieja historia de que «solamente pueden hacer aquello para lo que están programados».

Estoy encantado de comunicarle que IBM llegó a aceptar hace tiempo el potencial de la IA y reconoció su valor para su misión empresarial. En 2011, la empresa demostró su pericia interna con una victoria espectacular frente al campeón mundial de *Jeopardy!*, Ken Jennings. Ahora IBM está aprovechando este triunfo en un programa extenso de investigación y, como es típico en ella, ha acuñado su propio término para el trabajo: computación cognitiva. De hecho, está reorganizando la empresa entera en torno a esta iniciativa.

[11] Para los perjudicados proverbialmente, éste es el original: Dale un pez a un hombre y comerá un día; enséñale a pescar y comerá toda la vida.

Merece la pena resaltar que el programa de IBM, llamado Watson, tenía acceso a 200 millones de páginas de contenido, que consumía cuatro terabytes de memoria.[12] En el momento de escribir esto, tres años después, puede adquirir cuatro terabytes de almacenamiento en disco en Amazon por unos 150 $. Si vuelve a comprobarlo dentro de dos años, el precio posiblemente sea 75 $. O espere diez años, y le debería salir por unos 5 $. De cualquier modo, puede estar seguro de que la descendencia de Watson llegará a algún teléfono inteligente cercano a usted.

[12] Joab Jackson, «IBM Watson Vanquishes Human Jeopardy Foes», PC World, 16 de febrero de 2011, ttp://www.pcworld.com/article/219893/ibm_watson_vanquishes_ human_jeopardy_foes.html.

CAPÍTULO 2

Enseñar a los robots a obedecer

Posiblemente la primera vez que un robot perdió el control de verdad fue en 1972 en un laboratorio cerca de Boston. Marvin Minsky, director del laboratorio de inteligencia artificial MIT, había redactado una propuesta en la que sugería que algún doctor algún día podría ser capaz de controlar un brazo robotizado de manera remota para llevar a cabo una cirugía. Pero necesitaba un brazo controlado por ordenador real para investigar la idea. Así que llamó a su amigo John McCarthy de Stanford, que quedó en conseguirle un asistente de investigación para que le ayudara con el proyecto. Victor Scheinman, joven genio e ingeniero mecánico, diseñó rápidamente un prototipo, que más tarde se convirtió en la base de uno de los primeros brazos controlados por ordenador con éxito comercial (el PUMA, por las siglas en inglés de manipulador universal programable para ensamblaje).[1]

La teoría era estupenda, pero la realidad se quedaba atrás. El brazo era pesado, difícil de controlar, y tenía que sujetarse con tornillos a una mesa para tener estabilidad. Un día, probablemente debido a un error de programación, el brazo empezó a mecerse de un lado para otro. A medida que cogió velocidad, la mesa comenzó a agitarse violentamente y después a balancearse por toda la sala con cada movimiento del brazo. Un desafortunado graduado que trabajaba en el laboratorio no se dio cuenta al principio de que el robot, que ahora era móvil, se aproximaba. Cuando lo hizo, era demasiado tarde: estaba atrapado en un rincón. Se agazapó y gritó pidiendo ayuda, mientras su torturador mecánico se acercaba incesantemente. Justo antes de que estuviera a punto de convertirse en una nota a pie de página histórica, un compañero entró corriendo para detener el ordenador de control y poner fin a la violenta conducta.[2]

[1] Para conocer el relato de primera mano de algunos de estos acontecimientos por parte del propio inventor, vea la entrevista de Vic Scheinman en Robotics History: Narratives and Networks, acceso el 25 de noviembre de 2014, http://roboticshistory.indiana.edu/content/vic-scheinman.

[2] Estoy muy agradecido a mi amigo Carl Hewitt, conocido por su lenguaje de programación lógica (Planner), por su informe como testigo presencial de este incidente. Carl es actualmente presidente de la junta de la sociedad internacional para la solidez de las incoherencias. En serio, es un asunto real.

La tendencia a pensar en los sistemas de IA en general, y en los robots en particular, como análogos a los cerebros y músculos humanos es comprensible, pero conlleva peligros importantes. El campo tiene una larga historia de explotación de nuestra tendencia natural para antropomorfizar objetos que parecen o actúan como nosotros con el fin de atraer la atención y aumentar los fondos. Sin embargo, también confunde a las personas debido a la creencia de que las máquinas son más como nosotros de lo que creemos y la asunción de que son capaces de comprender y obedecer nuestras convenciones sociales. Sin un profundo conocimiento del modo de funcionamiento de estos sistemas y con los humanos como únicos ejemplares disponibles con los que interpretar los resultados, la tentación de verlos como humanos es irresistible. Pero no lo son.

Un ejemplo reciente es Watson de IBM jugando a *Jeopardy*! Verdaderamente no existía ninguna razón técnica para que el sistema dijera sus respuestas con un tono de voz calmado y didáctico, ni mucho menos para ponerle una imagen similar a una cabeza con un remolino de luces que sugería que la máquina tenía mente y estaba pensando en el problema. Eran adornos adicionales para un logro técnico enorme. Incluso algunos observadores se dieron cuenta de que Watson no escuchaba en absoluto a las pistas de *Jeopardy*! El texto se transmitía instantáneamente cuando Alex Trebek empezaba a hablar, lo cual proporcionaba al ordenador una ventaja enorme en «tiempo informático», mientras los concursantes humanos tenían que esperar a que acabara. Pero la principal ventaja de Watson era su capacidad de tocar el pulsador rápidamente, milisegundos después de recibir la señal de que la pista estaba completa, muchísimo más rápido de lo humanamente posible. El programa de IBM también podía haber sido descrito como un sistema de recuperación de datos muy sofisticado y haber recibido un nombre que sonara más técnico, pero no habría tenido el mismo atractivo televisivo.

El antropomorfismo innecesario que infesta esta área, al que yo denomino «teatro IA», conlleva costes ocultos. Como el hecho de llamar «ciberespacio» a Internet, que implica que es de algún modo un dominio independiente y está exento de nuestras leyes y normativas, enturbia el conocimiento público y, por tanto, obstaculiza importantes cuestiones y debates de política.

De esta manera, no resulta sorprendente que cuando los robots, con apéndices mecánicos similares a los humanos, empezaban a aparecer en las plantas de producción fuese tentador que las personas esperaran que se comportaran con algún tipo de contención social humana, como no repartir golpes a diestro y siniestro o pegar a las personas aleatoriamente. Además, como todos saben, no solamente podían hacer aquello para lo que estaban programados.

El problema es que esos primeros robots normalmente sólo repetían movimientos de memoria en el momento adecuado. Si usted se metía en su camino, corría el riesgo grave de que lo liquidara o algo peor. Quedó claro rápidamente que las normas de la Administración de Salud y Seguridad Ocupacional

(OSHA, por sus siglas en inglés) en relación con la seguridad de las plantas productivas debían tratar a esos robots como una nueva clase de máquinas mejoradas, no como simples trabajadores. En las fábricas y laboratorios de investigación, incluido el de MIT, la práctica habitual era colocar una cinta de color brillante en el suelo alrededor de los robots, que señalaba una «zona de destrucción», dentro de la cual estaba prohibida la entrada sin precauciones especiales. Se situaban botones rojos gigantes de apagado, como los que normalmente aparecen en las películas, en lugares estratégicos por si sucedía una emergencia.

Los robots industriales han evolucionado mucho durante décadas, pero la mayoría de los avances han tenido lugar en la precisión de su control, fuerza y durabilidad, además de la reducción del peso y el coste. Generalmente sus ámbitos laborales deben diseñarse en torno a ellos, y no a la inversa. Como normalmente no pueden ver, escuchar ni sentir su entorno, éste debe ser simple y previsible. Si el brazo de un robot industrial espera que un tornillo esté en un puesto concreto en un momento concreto, más vale que esté exactamente donde se supone que debe estar o el proceso completo tendrá que reiniciarse. No pueden suplicar *mulligans* en la planta productiva, como hacen los jugadores novatos en el golf.

El lavavajillas de su cocina está diseñado de ese modo por el mismo motivo. Cada plato y cada taza deben ser colocados con cuidado para un brazo giratorio que rocía jabón y agua a ciegas indiscriminadamente. Usted debe acomodarse a las necesidades del robot porque él no puede adaptarse a las suyas.

Puesto que yo me formé para evitar esas trampas mortales mecánicas, me sorprendí bastante al encontrar a un alumno graduado fingiendo un duelo con espadas con un robot, cuando volví al laboratorio de IA de Stanford.[3] El esgrimidor mecánico no sólo registraba los movimientos de su contrincante y planeaba los suyos propios, sino que podía detenerse justo antes de las acciones posiblemente letales. Cuando me invitaron a hacerlo, fue toda una experiencia para mí tener que guiar los brazos del robot en varias posiciones, que él realizaba obedientemente hasta que le ordenaba cambiar, como una marioneta sin hilos.

Lo que lo hizo posible fue una confluencia de cuatro avances tecnológicos. Ya he hablado sobre los dos primeros: los grandes aumentos de la potencia informática y el progreso en las técnicas de aprendizaje automático. El tercero es las mejoras en el diseño industrial de los robots. Los diseños nuevos utilizan materiales de menor peso y mecanismos de control más sofisticados, por lo que sus productos tienen una capacidad mucho menor de provocar daños y pueden responder instantáneamente cuando se encuentran obstáculos inesperados (como la cabeza de un humano).

[3] Laboratorio de inteligencia artificial, Universidad de Stanford, «Jedibot-Robot Sword Fighting», mayo de 2011, http://youtu.be/Qo79MeRDHGs.

No obstante, los avances reales han tenido lugar en el campo de la percepción de la máquina. Hasta la última década más o menos, el progreso ha sido lento y constante en los programas que interpretan imágenes visuales. Pero la aplicación de las técnicas de aprendizaje automático, combinadas con cámaras cada vez más sofisticadas y asequibles, ha provocado la aceleración repentina de las capacidades. Ahora los programas pueden analizar imágenes y vídeos para reconocer rápidamente objetivos, personas y acciones, y describirlas con gran precisión («un grupo de jóvenes jugando con un plato volador»).[4] Puede que ya haya observado un ejemplo primitivo de esto cuando su cámara identifica la presencia de caras en su visor.

Naturalmente, las mismas técnicas básicas pueden aplicarse a todas las clases de sensores. Los sistemas pueden identificar canciones por su sonido, clasificar barcos en el mar basándose en sonidos de radar y sónar, o incluso diagnosticar enfermedades cardíacas utilizando interpretaciones de EKG o ultrasonidos.

Un cóctel potente de estas cuatro tecnologías va a cambiarlo todo. Una vez más, carecemos de puntos de referencia apropiados donde anclar nuestro conocimiento correctamente, pero un buen lugar por el que empezar es con los falsos trabajadores. Los dispositivos actuales mecánicos, repetitivos y programados previamente, son los precursores primitivos de los robots que pueden ver, escuchar, planificar y adaptar su comportamiento a las situaciones complejas y caóticas del mundo real. Son robots que, de manera bastante simple, serán capaces de llevar a cabo muchas tareas (si no la mayoría), que actualmente requieren trabajo manual humano.

Puede comprar un robot que le aspire el suelo. Y ya se están desarrollando comercialmente robots que pueden desherbar un jardín, cargar y descargar cajas de formas aleatorias de los camiones de reparto, seguirle cargado con sus bolsas, y cosechar cultivos. De hecho, incluso pueden recolectar de manera selectiva sólo la fruta que está madura y lista.[5] Dentro de poco, casi todas las tareas físicas que pueda imaginar estarán sujetas a la automatización: pintar espacios interiores y exteriores, cocinar, lavar la vajilla, limpiar mesas, servir comida, hacer las camas, doblar la ropa limpia, sacar a pasear a los perros, colocar tuberías, limpiar las aceras, ir a buscar herramientas, comprar entradas, coser y dirigir el tráfico, por mencionar sólo algunos ejemplos con los que se encontrarán los consumidores.

Y esto ni siquiera alude a las aplicaciones industriales, como recoger y empaquetar pedidos, reponer y ordenar estantes, soldar y cortar, pulir, inspeccionar, ensamblar, clasificar, o incluso reparar otros dispositivos robotizados. También existen aplicaciones militares, algunas de las cuales suponen una

[4] John Markoff, «Researchers Announce Advance in Image-Recognition Software», New York Times, 17 de noviembre de 2014, sección de ciencia.

[5] «Strawberry Harvesting Robot», publicado por meminsider, YouTube, 30 de noviembre de 2010, http://youtu.be/uef6ayK8ilY.

pesadilla insoportable (por ejemplo, durante la próxima década aproximadamente es posible que casi cualquier persona -incluyendo los extremistas de todo el mundo- sea capaz de alinear una multitud de insectos robotizados, alimentados de energía solar y en busca de seres humanos, que puedan colarse por los marcos de las puertas y los pozos de ventilación para suministrar una dosis indolora de veneno letal, y luego eliminar su rastro para evitar las molestias de la recuperación manual. Si añade el paquete opcional del reconocimiento facial, ¡obtendrá asesinatos selectivos por el mismo precio!) A medida que nuestra comodidad aumenta gracias a estos dispositivos sofisticados, les permitimos ajustes más íntimos para hacer tareas como cortarnos el pelo o darnos masajes. No están lejos las prostitutas robotizadas (de las que hablaré en el capítulo 8), y posiblemente será uno de los primeros mercados y de los más lucrativos.

Pero es importante comprender que los diversos componentes de esta notable tendencia no se reducen a nuestra concepción común de un robot. Aunque algunos de estos dispositivos puedan ser autónomos, como el humanoide pusilánime C3PO o el factótum mecánico R2D2, no existe ninguna razón por la que estos sistemas deban tener lo que se denomina en el gremio «localización». Es decir, no necesitan estar confinados a existir o funcionar en una extensión concreta contigua de espacio físico. En otras palabras, pueden no estar personificados, en el sentido convencional de la palabra.

Quizás se pregunte por qué usted es usted y no yo, en vez de por qué usted y yo no somos dos partes del mismo organismo. Puede sonar raro, pero imagino que parece menos extraño para los siameses que comparten corazón y sistema digestivo.

Llevar a cabo cualquier tarea determinada requiere ciertos recursos y capacidades. Estos recursos se dividen aproximadamente en cuatro categorías: energía (para que pueda trabajar), conciencia (la capacidad de sentir los aspectos relevantes del entorno), razonamiento (para que pueda formular y ajustarse a un plan) y medios (para poder realizar algo verdaderamente, como coger un objeto con las manos). En principio, ninguno de estos recursos debe estar localizado. Normalmente es útil que lo esté en la práctica.

Usted es un ejemplo. Como las criaturas biológicas por sí mismas no pueden comunicar ni transmitir energía a grandes distancias (hasta donde sabemos), todas las partes de su cuerpo deben estar próximas las unas a las otras. Las células que forman su cuerpo transmiten impulsos bioquímicos y eléctricos por medio de varios conductos y nervios. Por tanto, hay una buena razón de diseño para que sus ojos (conciencia) estén cerca de su cerebro (razonamiento), y sus pies se encuentren al final de sus piernas (medios). Por no hablar de que existe un motor que mueve todo esto y extrae los recursos a partir de su comida (energía).

Hace unos 120 años, después de millones de años de evolución, ocurrió algo mágico: a través de nosotros, la vida de repente desarrolló los medios para irrumpir libre de restricciones de localización. Guglielmo Marconi descubrió cómo utilizar la radiación electromagnética –más comúnmente denominada «ondas de radio»– para transmitir información de manera instantánea entre ubicaciones lejanas sin conexión física evidente. Y Thomas Edison averiguó cómo mover la energía, en forma de electricidad, por medio de cables a un precio relativamente bajo.

Todavía estamos aclarando qué significará esto al final.[6] Mi opinión personal es que toda la historia de la ingeniería eléctrica, electrónica, radio, televisión, Internet, informática e IA hasta la fecha es simplemente nuestro delicado intento inicial de explorar lo que puede hacerse con estos fenómenos descubiertos recientemente. Pero hay algo seguro: como criaturas biológicas que evolucionamos gradualmente, nosotros no somos los mejores actores para explotarlos. Las máquinas lo son.

Poco después de nacer, empezamos a comprender las palabras separándolas por objetos, que enseguida comenzamos a dividir en variedades animadas e inanimadas. Sentimos una afinidad especial por los objetos animados que más se parecen a nosotros: otras personas. Muchos de nuestros instintos sociales superiores, como el amor o la compasión, pueden entenderse como la manera natural de motivarnos a adoptar una visión más amplia que la de nuestros propios intereses inmediatos. Si solamente le preocupa su próxima comida, ¿por qué no morder la mano que le da de comer?

Una buena manera de organizar su mundo, cuando las cosas que más importan para su supervivencia inmediata están a una distancia corta y tienen unos límites físicos claros, es ver su entorno como una colección de objetos. Es mucho más complicado entender las cosas invisibles, que se mueven rápido y son difusas, como una nube de radiación o su reputación en Internet. Nuestras autopistas están plagadas de cadáveres de criaturas cuyos sentidos no están acostumbrados a detectar amenazas metálicas de dos toneladas a toda velocidad por la carretera. De igual manera, aún no poseemos el vocabulario para hablar de los cambios tecnológicos que se nos echan encima, como yo puedo certificar al haber tenido que apoderarme de los mejores términos para este libro. Como consecuencia, corremos el riesgo de convertirnos en animales atropellados en la llamada autopista de la información.

Pero ¿de qué manera distinta experimentarán los robots el mundo? No es necesario que sus ojos y orejas (o las alternativas apropiadas) estén fijos en sus cuerpos. Muy al contrario, sería mejor que tuvieran una red de sensores distribuidos por todo el entorno de interés. Su percepción profunda y capacidad de localizar sonidos sería mucho mejor si la separación entre las orejas y los ojos fueran metros en lugar de milímetros; y todavía más si pudiera añadir otros

[6] Para obtener un análisis increíblemente detallado de las consecuencias del aumento de la comunicación y la disminución del coste de la energía en todo, desde las células vivas hasta las civilizaciones, vea Nonzero de Robert Wright (Nueva York: Pantheon 2000).

adicionales a discreción, mirando en varias direcciones. Por ejemplo, piense en qué medida es mejor es el sistema automatizado ShotSpotter en la localización de disparos que la policía.

De manera similar, no existe ninguna razón para que los medios por los que los robots persiguen sus objetivos estén unidos en un solo paquete. Pueden constar de una colección de activadores, motores y herramientas inconexas e intercambiables. Por último, la lógica que coordina e impulsa todo esto puede estar en cualquier parte, como los pilotos remotos de drones en el desierto de Nevada que sueltan misiles Hellfire en Afganistán.

Sin las restricciones inapropiadas de localización, ¿se parecerán los robots a nosotros? Desafortunadamente, debido a nuestra historia natural, la respuesta es no mucho.

Piense en un pintor de brocha gorda robotizado. Resulta sencillo imaginar una forma humanoide, subiendo escaleras y moviendo una brocha, junto con sus colegas mortales. Sin embargo, es más probable que se dé (por ejemplo) como un escuadrón de drones voladores, cada uno de ellos equipado con una boquilla de aspersión y una bolsa de pintura. Los drones mantienen una distancia precisa entre ellos y el revestimiento de madera de su casa colonial, y se ajustan instantáneamente a las ráfagas de viento y otros factores. A medida que individualmente se van quedando sin reservas, vuelan hasta un barril de pintura para rellenarse de forma automática y luego vuelven a la posición libre que sea más útil. Una serie de cámaras repartidas por todo el perímetro del proyecto monitorizan continuamente esta colección de fieras voladoras y valora el progreso y la calidad del trabajo. El dispositivo real que dirige este ballet mecánico ni siquiera necesita estar presente. Puede ser lo que llamamos software como servicio (SAAS, por sus siglas en inglés), alquilado por el fabricante y que funciona en la nube de Amazon.[7] ¿Por qué molestarse en poner toda la potencia informática en el terreno, donde podría llover y solamente se utilizaría unas horas a la semana?

Su pintor contratista autorizado, que quizás todavía esté pagando el préstamo de todas estas herramientas, aparece, coloca las cámaras, señala el área objetivo en una aplicación de su tableta, abre el barril de pintura y pone en marcha los drones. Podría pintarse una casa entera en una tarde, en lugar de una semana, por un precio muy inferior al actual. En la primera encarnación del sistema, los trabajadores quizás todavía preparen las superficies y cubran el suelo, pero en breve no será necesario, a medida que los ingenieros de producto actualicen el sistema y añadan componentes.

Quizás suene a ciencia ficción, pero no lo es. Todas las tecnologías necesarias para hacerlo están ya disponibles. Simplemente es cuestión de que algún empresario habilidoso lo haga realidad (¡a por ello!).

[7] Amazon Web Services (AWS), acceso el 25 de noviembre de 2014,http://aws.amazon.com.

Existen, naturalmente, muchas tareas que nos gustaría llevar a cabo, que son mucho más diversas geográficamente que pintar una casa. Imagine un ejército de extintores de fuegos incontrolados, móviles, sensibles al calor y alimentados de energía solar, capaces de rodar por el bosque, posicionados estratégicamente en posibles puntos calientes y dirigidos por un servidor que se encuentra en el Servicio Forestal.

Con la vista puesta en el futuro mientras seguimos anclados a las tecnologías actuales, imagine los extintores de incendios, reducidos al tamaño de insectos, metiéndose en madrigueras diminutas que esperan una orden para entrar en acción. Cuando son requeridos, se autoensamblan para formar una cúpula o cortina protectora alrededor de las casas, las infraestructuras, o incluso las personas. La investigación sobre conceptos como éste es lo suficientemente activa como para haber obtenido el nombre de «robótica de enjambres».

Ni siquiera los automóviles sin conductor van a ser tan independientes o autónomos como parecen. Los estándares para que los sensores de vehículos y carreteras compartan información de modo inalámbrico, fundamentalmente convirtiéndose en un sistema interconectado de ojos y oídos, están llegando a su fin. El Ministerio de Transporte de EE. UU., entre otras instituciones, está desarrollando los llamados protocolos de comunicación V2V (vehículo a vehículo), que lleva a cuestas la asignación de la Comisión Federal de Comunicaciones del espectro de radio para las comunicaciones entregadas a corta distancia (DSRC), destinada concretamente a las aplicaciones automotoras. Su futuro vehículo, con control del tráfico y sistemas de gestión de energía incorporados, simplemente será la manifestación visible de un sistema de transporte público flexible integrado, monitorizado y gestionado de manera central, al igual que su teléfono móvil se entiende mejor como elemento de un enorme sistema de comunicación. No hay más magia en su coche o su teléfono que en los programas de televisión localizados en su televisor.

A medida que los sensores, los efectores y las comunicaciones inalámbricas sigan mejorando, desaparecerán de la vista con la misma certeza que la tecnología informática lo ha hecho. Soy lo suficientemente mayor como para recordar cuando se podía coger una pieza de una memoria de un ordenador y literalmente ver cada pedazo (denominadas «memorias de núcleo»). En la actualidad, consideramos los gigabytes de memoria de un ordenador como rectángulos negros y planos del tamaño de un sello de correos, aunque no son separables físicamente de otros componentes en absoluto. Quizás algún día camine felizmente entre la naturaleza impoluta, sin ser consciente de que una amplia red de dispositivos autoorganizados y colaborativos se encarga del mantenimiento del entorno y cuida de usted (¡o le vigila!), como si estuviera visitando Disneyland.

Por último, existen muchos ámbitos que implican el manejo de información, como nuestros sistemas financieros, organismos educativos y medios de entretenimiento. Será posible disponer completamente de la energía, la conciencia, el razonamiento y los medios para llevar a cabo tareas útiles en el dominio electrónico, sin exigir ninguna localización. Los datos necesarios podrán ser recogidos instantáneamente desde cualquier parte del mundo, las tareas podrán cambiarse cuando uno quiera, y las acciones podrán ser adoptadas cuando venga mejor (por ejemplo, cuando coincida con la apertura de un mercado de valores).

La cuestión es que aunque pensamos que los robots son objetos y los programas, series de instrucciones escritas, realmente sólo son distintas manifestaciones del mismo fenómeno: el poder de la electricidad para desempeñar tareas y procesar información. No estamos diseñados para percibir esta nueva magia en acción, pero aun así estamos sujetos a sus consecuencias.

Otra tendencia inevitable podría parecer contradictoria: la de las tecnologías a fusionarse y simplificarse. Mientras las criaturas biológicas proliferan y se diferencian las unas de las otras en un árbol de la vida que se ramifica, sus homólogos mecánicos hacen justo lo contrario.

Piense, por ejemplo, en su teléfono móvil. Antes podía tener un GPS para su coche, una cámara, una videograbadora, un reproductor de CD y, por supuesto, un teléfono móvil. Hoy en día, esos aparatos y sus mercados casi han desaparecido y han sido sustituidos por un único dispositivo económico, el equivalente electrónico moderno a una navaja suiza, porque los componentes técnicos que comparten son muy similares.

Volviendo a la tierra inexplorada, la Guardia Nacional se daría cuenta rápidamente de que el sistema contra incendios descrito anteriormente también se podría utilizar para misiones de búsqueda y rescate, con extintores autónomos que actúen como san bernardos mecánicos. Después, la Guardia Costera podría reemplazar los extintores por socorristas robotizados que supieran nadar y se recargaran por medio de la captura del movimiento de las olas. Y así sucesivamente.

La idea típica (y equivocada) del futuro es que va a estar repleto de aparatos con fines especiales y mágicos para llevar a cabo cualquier cosa, cuando verdaderamente lo correcto será lo contrario. Los armarios de mi cocina tienen herramientas que casi nunca utilizo por todas partes, cada una de ellas diseñada para realizar correctamente una tarea: preparar café, calentar sopa, cocinar arroz, hacer palomitas, hacer helado, asar perritos calientes, tostar pan, abrir latas, preparar zumo, escalfar huevos; y éstas son solamente las que necesitan electricidad. El resto de armarios almacenan una increíble variedad de herramientas de mano y utensilios de cocina, desde una prensa de ajos hasta un sacacorchos. Por no hablar de los electrodomésticos más grandes que lavan la vajilla, conservan alimentos, hacen cubitos, comprimen la basura y cocinan.

Imagine un único falso trabajador que los sustituyera a todos. Si tuviera que picar cebolla, sería capaz de ir a buscar el componente necesario a su caja de accesorios opcionales. Podría estar todo el día de pie y lavar los platos, sin necesidad de colocarlos en la rejilla especializada de ese periférico dependiente con brazos giratorios, que despilfarra jabón y agua. Y entre comida y comida, podría pelar pipas, preparar helado, pulir plata y ablandar filetes. Pero ¿por qué detenernos aquí? Además, podría limpiar el suelo, hacer las camas y, tarde o temprano, cambiar el pañal del bebé. Si el tiempo lo permite, ¿por qué no plantar y cultivar alimentos en el jardín?

Un falso trabajador como tal sería capaz de llevar a cabo todas esas funciones únicamente con el equipo antiguo disponible en una cocina medieval. Y ésa es la cuestión: el futuro se parece mucho más al pasado de lo que podría esperar. Nuestras vidas quizás no sean más complejas, pero parecerán más simples que en la actualidad, rodeadas de tecnologías invisibles que controlarán una modesta colección de dispositivos versátiles y adaptables. La próxima ola de falsos trabajadores barrerá literalmente la planta productiva y llevará a cabo sus tareas rutinarias. Puede tirar su lavavajillas viejo al basurero.

La tendencia actual hacia la complejidad y diversidad tecnológica es una distracción temporal, una explosión cámbrica contemporánea alimentada con electricidad, pero destinada a estabilizarse en filos mecánicos que todavía no han cogido forma.

Resulta relativamente sencillo entender la manera en la que los sistemas mecánicos distribuidos, que desempeñan trabajo físico, se transformará y ampliará para cubrir todos los nichos de nuestros hogares, empresas y entorno. No obstante, resulta mucho más complicado ver que las mismas tendencias se están desarrollando en nuestros entornos comerciales, intelectuales y sociales. Amazon sustituye desde librerías hasta tiendas de zapatos, por medio de la combinación de funciones comunes en un sistema unificado. Google remplaza bibliotecas, periódicos y directorios empresariales en un único paraguas organizativo. Facebook combina desde postales, intercambio de fotos, invitaciones, notas de agradecimiento, consejos de amigos y felicitaciones en un rollo de pianola social constante.

Aunque nuestras mentes están organizadas para prestar atención a las cosas que podemos señalar, las que no podemos ver pueden ser iguales de peligrosas. Paradójicamente, nuestras tecnologías en evolución están proliferando y consolidándose al mismo tiempo, y nosotros no somos los adecuados para rastrear, ni mucho menos predecir, las consecuencias. Las tendencias descritas anteriormente –sistemas robotizados flexibles, capaces de llevar a cabo acciones independientes, distribuidos ampliamente, que abarcan dominios tanto físicos como electrónicos, se comunican a velocidades y distancias superhumanas, se contraen hasta llegar a ser invisibles y se autoorganizan mágicamente cuando es necesario– resultarán tan sencillas de evitar, pero tan complicadas de ignorar, como los virus. En palabras de William Butler Yeats: «¿Y qué tosca bestia, cuya hora llega al final, camina desgarbada hacia Belén para nacer?»[8]

[8] W. B. Yeats, «The Second Coming», 1919, http://en.wikipedia.org/wiki/The_Second_ Coming_ (poem).

CAPÍTULO 3

Carteristas robotizados

Los ordenadores están mejorando, y los ingenieros los programan de maneras nuevas. Un asunto importante. ¿Y qué? Le importará la primera vez que sea asaltado por un robot; y hay muchas posibilidades de que ya lo haya sido sin darse cuenta.

En 1980, un graduado de Stanford amigo mío, llamado Dave Shaw, se estaba poniendo un poco nervioso por su examen escrito de doctorado. Le dije que, según mi experiencia, era buena idea estudiar mucho, pero tomarse el día anterior al examen de descanso. Así que fuimos a ver *En busca del arca perdida* al cine de Palo Alto.[1] Después de bordar sus exámenes y acabar su tesis, aceptó un puesto como profesor adjunto de informática en la universidad de Columbia.

Cuando le visité unos años más tarde, estaba trabajando en un proyecto excepcional: un diseño nuevo para ordenadores que podía acelerar el procesamiento por medio de la descomposición de cálculos lineales y secuenciales en tareas más pequeñas, que podían ser llevadas a cabo simultáneamente por varios procesadores y luego se combinaban en una respuesta unificada.[2] Su objetivo para el proyecto era mejorar el procesamiento de las consultas en bases de datos (este concepto básico se conoce en la actualidad como «MapReduce»).[3]

En 1986, a Dave le quedó claro que las subvenciones insignificantes del gobierno para investigación, sustento de académicos e investigadores, sería insuficiente para cumplir su meta. Así que se dirigió hacia el sur, desde Morningside Heights hasta Wall Street. A las autoridades de Morgan Stanley, banco de inversión líder en aquel momento y en la actualidad, les gustó lo que vieron. Le ofrecieron un trabajo con un sueldo supuestamente seis veces mayor que el de catedrático.[4] Morgan Stanley necesitaba la tecnología de Shaw para una ini-

[1] Al menos así es como lo recuerdo yo. Dave posiblemente tenga un recuerdo distinto, especialmente por el hecho de que *En busca del arca perdida* no se estrenó hasta 1981.

[2] David Elliot Shaw, «Evolution of the NON-VON Supercomputer», Universidad de Columbia Informes técnicos informáticos, 1983, http://hdl.handle.net/10022/ AC:P:11591.

[3] http://en.wikipedia.org/wiki/MapReduce, última modificación el 31 de diciembre de 2014.

[4] James Aley, «Wall Street's King Quant David Shaw's Secret Formulas Pile Up Money: Now He Wants a Piece of the Net», Fortune, 5 de febrero de 1996 http://archive.fortune. com/magazines/fortune/fortune_archive/1996/02/05/207353/index.htm.

ciativa empresarial secreta con el objetivo de usar ordenadores para comprar y vender acciones. En aquel momento, los ordenadores eran comunes en Wall Street para procesar las transacciones de acciones, pero no para elegir cuáles comprar y vender. Era algo que sólo podían hacer las personas porque, como todo el mundo sabe, los ordenadores únicamente hacen aquello para lo que están programados. Pero las personas clarividentes de Morgan Stanley sabían más.

No sólo los programadores podían diseñar algoritmos para comprar y vender acciones; quedó claro que un ordenador era capaz de comerciar mucho más rápido que un humano. Morgan Stanley se dio cuenta en poco tiempo de que pasar la toma de decisiones del mundo físico al electrónico proporcionaba ventajas decisivas, siempre y cuando se hicieran los cambios correctos en el momento adecuado.

Actualmente, la compra y venta programática se denomina negociación de alta frecuencia (HFT, por sus siglas en inglés). ¿Por qué alta frecuencia? Si presiona un botón para comprar una acción y luego lo vuelve a presionar para venderla tan rápido como pueda, probablemente realice el par de transacciones en aproximadamente la décima parte de un segundo. Los sistemas de HFT actuales pueden llevar a cabo alrededor de cien mil transacciones en la misma cantidad de tiempo. La experiencia de Shaw para diseñar ordenadores superveloces fue el broche de oro.

Al entrar en Morgan Stanley, Dave abrió los ojos ante una verdad más esencial. Negociar más deprisa que cualquier otra persona suponía una ventaja, pero el beneficio real provenía del análisis rápido del torrente de datos que fluían en los mercados financieros mundiales, y Morgan Stanley tenía un asiento en la orilla.

Esta información no era exclusiva. Los investigadores de IA de Stanford, entre muchos otros centros de excelencia, estaban llegando a la misma conclusión: la trama está en los datos, no en los programas. Y todas las personas involucradas se dieron cuenta de que las técnicas estadísticas y de aprendizaje automático eran en ese momento las mejores herramientas de las que disponían para cribar oro. Mientras sus antiguos compañeros empezaban a gorronear todos los datos del mundo real que llegaban a sus manos, Dave accidentalmente se había subido a lo más alto del filón principal. Como dijo en el artículo de la revista *Fortune* una década después: «Las finanzas realmente son una empresa de procesamiento de información maravillosamente pura».[5]

En poco tiempo, Dave se sintió decepcionado por sus nuevos patrocinadores. Yo solamente puedo suponer que su noción de lo que los ordenadores debían hacer estaba basada en el modo en el que los negociantes humanos tomaban sus decisiones, mientras que Dave tenía una idea mejor: dejar que los matemáticos e informáticos se desenfrenaran aplicando técnicas estadísticas y

[5] Ibíd.

de IA a todo lo que se movía. Apenas ocho meses después de haber entrado en Morgan Stanley, dio el valiente paso de dejarlo para crear su propio banco de inversión, D. E. Shaw and Company, que al final recibió el apodo King Quant de Wall Street. Sus jefes posiblemente pensaron que estaba tarado.

Como las técnicas reales que tanto él como otras personas empleaban tenían fama de estar rodeadas de secretismo, la historia se disuelve en una cortina de humo y centra su atención solamente en las fortunas recién acuñadas y grandes mansiones en los Hamptons. Analicémoslo más detenidamente.[6]

Como todo el mundo sabe, la forma de hacer dinero en el mercado de valores es comprar barato y vender caro (aunque no necesariamente en ese orden). El primer punto del día en HFT era encontrar lugares en los que lo que se suponía que era un precio único para alguna acción o materia prima no lo era. En un término que David reconocería, los datos con esta forma se denominan desnormalizados. Usted se tropieza con datos desnormalizados todos los días cuando compra al menor precio. En principio, si la información fluyera libremente, sólo habría un precio para el mismo artículo independientemente de dónde lo buscara, con suerte el mejor posible.

Actualmente, la forma más simple de HFT es darse cuenta de cuándo puede comprarse o venderse el mismo valor en un mercado a un precio diferente que en otro. Se supone que los precios son los mismos, pero no siempre es el caso. Los valores reales fluctúan de un momento a otro, basándose en los antojos de quien casualmente está vendiendo cierta cantidad en un mercado en un instante concreto. Cuando los precios divergen momentáneamente, un programa HFT pueden adquirir de forma simultánea al precio más bajo, al mismo tiempo que vende al precio superior, guardándose en el bolsillo el diferencial sin correr ningún riesgo.

A los negociantes humanos no les importan estas ligeras perturbaciones porque no pueden reaccionar lo suficientemente deprisa para aprovechar las fluctuaciones transitorias. Pero los ordenadores sí que pueden. Por tanto, un programa HFT es capaz de escoger por una fracción de un céntimo en menos de un abrir y cerrar de ojos, antes de que los precios inevitablemente se normalicen. De hecho, el propio acto de comprar y vender provoca que los precios converjan. Si hace esto cien mil veces por segundo en todos los mercados mundiales, podrá hablar de importantes cantidades de dinero.

No obstante, la posibilidad de recopilar dinero gratis es mucho más grande y con matices. Al igual que el detergente para lavadoras, los valores se incluyen en un paquete en formas levemente distintas para fines ligeramente diferentes. Por ejemplo, puede comprar una letra del Tesoro que le reportará dinero dentro de treinta años u otra que se lo reportará en veinte. En principio, el valor actual de estos dos vencimientos debería estar estrechamente relacionado a

[6] Para dejarlo claro, no poseo información interna sobre las estrategias particulares que D. E. Shaw haya podido emplear. Se trata de un debate general sobre HFT.

través de una fórmula simple y predecible. Pero a veces no es así, y normalmente sólo en una fracción de segundo. Si detectara la anomalía y apostara por su resolución inminente, podría percibir un desembolso rápido.

Añada el hecho de que usted no tiene por qué estar en lo cierto todo el tiempo; simplemente más tiempo del que está equivocado. Aunque todas las transacciones individuales pueden entrañar algún nivel de riesgo, las leyes de la probabilidad aseguran que, en conjunto, si se pronostican sus negocios a su favor tiene garantizada la obtención de beneficios. La casa siempre gana.

Ahora aplique esto a los mercados de cualquier lugar. Muchos de los precios individuales que parecen ser independientes en realidad están correlacionados. Si hay sequía en el sureste de Asia, es posible que el precio del azúcar aumente, lo cual afectará al coste del chocolate en Suecia. Pero tenga cuidado: podría compensarse con una caída del precio de los granos de cacao en Sudamérica. Los negociantes humanos procuran convertirse en expertos en estos asuntos, pero nadie se acerca a la capacidad de inteligencias artificiales para observar modelos imperceptibles o extensos.

Uno de mis ejemplos favoritos es que el número de tarjetas de prepago para teléfonos móviles adquiridas es un indicador del tamaño de algunos cultivos en África porque los agricultores, al ver el crecimiento de los cultivos, se preparan para ponerse en contacto con los posibles compradores. Cuando más optimistas son, más gastan en minutos para llamar. La última incursión en este campo utiliza lo que se denomina «análisis de opiniones». Sí, ese tipo de opiniones: los programas de los bancos de inversiones exploran Internet para encontrar comentarios positivos o negativos sobre productos y empresas, y luego negocian basándose esa información.

La justificación típica ofrecida para la realización de todo esto es que los programas HFT ofrecen servicios a la sociedad. Simplemente limpian las ineficiencias de los mercados. Sin embargo, esto encubre una realidad más oscura. Sí, hacen que los mercados financieros sean bonitos y ordenados, pero ocultan un coste más grave. Contaminan el río del dinero trasladando el riesgo a otros, de la misma manera que los detergentes baratos ensucian nuestros canales. ¿Cuál es el riesgo? Que usted no consiga el mejor precio disponible cuando vaya a comprar o vender porque alguien se cruce en mitad de su transacción.

En principio, las funciones para facilitar el mercado de los programas HFT podían ser manejadas por los sistemas de interés público, que avisaban a los compradores y vendedores de que debía haber un precio mejor en algún lugar; de este modo, cada uno podía beneficiarse del valor de esta información. En lugar de eso, todos los beneficios recaen sobre los creadores y operadores de estos sistemas. De hecho, las partes que deben estar motivadas a abordar este problema son los propios mercados, pero contribuyen a las elevadas cantidades de transacciones. Por tanto, cualquier persona o cosa que negocie a un ritmo frenético es buena para la empresa. Muchos minoristas ofrecen garantías a bajo coste para fomentar que los compradores adquieran de forma inmediata, en lugar de hacer comparaciones. ¿Por qué no debería extenderse esta misma cortesía a los valores?

Para poner los programas HFT en perspectiva, imagine que un empresario entusiasta de su ciudad ha inventado un robot invisible que sigue a la gente, y cuando a alguien se le cae accidentalmente una moneda al suelo y no se da cuenta, él la engulle de manera silenciosa. El empresario podría convencer al administrador municipal para que le permitiera su utilización, bajo la teoría de que ayuda a mantener las aceras limpias. Y efectivamente las aceras estarían más limpias. Sin embargo, ¿no favorecería mejor los intereses públicos si el robot simplemente devolviera una parte del dinero, o su totalidad, en lugar de guardárselo en el bolsillo para el empresario?

Un paso sencillo para reducir las consecuencias financieras de los programas HFT sería cobrar una pequeña cantidad por las solicitudes de información; es decir, solicitudes de oferta y demanda (precio).[7] Tradicionalmente una persona solicitaba una cotización actual a mano, por lo que el número de consultas era limitado de forma natural. Pero las solicitudes generadas por ordenador lo han cambiado todo. Un programa HFT sería capaz de realizar millones de peticiones de cotizaciones para cada operación que ejecuta. Si la operación normal solamente producía un céntimo neto, pero cada cotización costaba la milésima parte de un céntimo, sería una oferta en la que se perdería dinero.[8]

Un segundo planteamiento sería retrasar todas las operaciones un segundo, ya fueran humanas o electrónicas. Esto aumenta el riesgo individual por transacción un poco porque no puede estar seguro de que las transacciones que ya están en fila delante de usted no vayan a modificar ligeramente el precio al que la suya se llevará a cabo (por analogía, usted no puede estar seguro de que algún otro robot no haya recogido ya la moneda y le deje con las manos vacías).[9] Para las transacciones generadas por humanos, este riesgo adicional

[7] Fue Kapil Jain, del instituto de Ingeniería Computacional y Matemática de la universidad de Stanford, quien me trasladó esta solución concreta.

[8] Se han llevado a cabo propuestas similares para eliminar el spam: cobrar una tarifa inferior a un céntimo por cada correo electrónico enviado, lo que provocaría que fuera poco rentable aunque permitiría que fluyera la comunicación fundamental.

[9] Existe un concepto relacionado en física cuántica: la relación de indeterminación de Heisenberg enuncia que no se puede saber ni la posición ni la fuerza de una partícula con exactitud; la analogía aquí se encuentra en que no se puede conocer ni el precio exacto de un valor ni el momento de ese precio concretamente. Los precios divergentes para el mismo valor en diferentes mercados son como el mítico gato de Schrödinger: los valores existen de manera simultánea en superposición. El problema con HFT es que, a diferencia de la física cuántica, los mercados no dan lugar a una observación del precio en un momento concreto para bajar repentinamente los precios inconsistentes (función de onda) a un único valor; esto solamente ocurre como resultado de una transacción que proporciona valor (energía). Si usted fuera capaz de realizar estas observaciones sin coste en física, podría obtener energía gratis por medio de la selección del valor de superposición que quiere hacer real; una especie de demonio de Maxwell. En otras palabras, los mercados regalan información de manera gratuita, mientras que el mundo cuántico real cobra un precio por la información.

es infinitamente pequeño. No obstante, en relación con el valor esperado de una transacción HFT, puede ser considerable. Además, un pequeño retraso artificial podría detener o reducir la velocidad de la increíble carrera armamentista actualmente en curso para disminuir la latencia de la transacción.[10] Recorrería un largo camino hasta la eliminación de los peores abusos y quitaría el tramo final de la posibilidad de HFT.

A los reguladores del gobierno les encantan los mercados limpios y sobre ruedas que organizan los programas HFT. Pero son ajenos –deferentes, en realidad– a la transferencia inmensa de riqueza que se obtiene como resultado. Un viaje por las regiones pudientes del norte de la ciudad de Nueva York nos cuenta la historia. Las urbanizaciones elegantes rodean ciudades pintorescas, pobladas en gran parte por socios de bancos de inversión y fondos de cobertura. De hecho, Dave Shaw está construyendo una mansión de más de 3.500 metros cuadrados en Hastings-on-Hudson, con un coste estimado de 75 millones de dólares.[11] Mientras tanto, una chocolatina en la caja de Target del este de Harlem cuesta una fracción de un céntimo más. ¿Quién lo sabe o a quién le importa?

Es importante comprender que los profesionales de este arte refinado no son villanos. Simplemente están aplicando su intelecto y habilidades prodigiosos al trabajo que nuestra sociedad considera que merece más una recompensa material. A pesar de la interminable conga de estafadores y ladrones auténticos de Wall Street, a quienes los ambiciosos fiscales hacen desfilar ante las cámaras, la mayoría aplastante de los banqueros de inversiones son personas decentes que se ganan la vida de la mejor manera que pueden. Puedo asegurarle personalmente que Dave Shaw es el más destacado entre ellos. Es complicado encontrar una persona más diligente, atenta y talentosa en cualquier profesión. Sus contribuciones filantrópicas, sin mencionar la investigación práctica vanguardista que está llevado a cabo actualmente sobre el plegamiento de proteínas en el instituto de investigación que lleva su nombre, hacen que sea como mínimo un tesoro nacional.[12]

El supuesto objetivo de las bolsas de valores no es enriquecer a algunas personas, sino favorecer el comercio distribuyendo el flujo de capital hasta su mejor y máximo uso. Sin embargo, los intelectos sintéticos que dominan los mercados actuales ponen en duda esta misión.

Nathan Mayer Rothschild, patriarca de la familia de banqueros del siglo XVII, asumió esta responsabilidad cívica de manera muy seria: no solamente financió la marcha del duque de Wellington contra la ofensiva napoleónica (entre muchos otros trabajos públicos) sino que, contrariamente a la leyenda,

[10] Paul Krugman, «Three Expensive Milliseconds», New York Times, 13 de abril de 2014, http://www.nytimes.com/2014/04/14/opinion/krugman-three-expensive-milli seconds.html.

[11] «Hedge Funder Spends $ »« 75 »« M on Eastchester Manse», Real Deal, 1 de agosto de 2012, http://therealdeal.com/blog/2012/08/01/hedge-funder-spend-75m-on-westchester-manse/.

[12] http://www.deshawresearch.com, acceso el 26 de noviembre de 2014.

se contuvo tras recibir el aviso de la victoria del duque en Waterloo hasta que las noticias llegaron a los demás inversores para no agitar los mercados.

En el mundo interconectado actual, no podemos permitirnos depender del buen talante y la generosidad de los ciudadanos destacados. Los comités y juntas que gestionan nuestras instituciones financieras más importantes carecen de la discreción de Rothschild. En su lugar, se ven en la obligación de favorecer los intereses de sus accionistas. Como discutiremos más adelante, los cambios modestos de nuestro marco regulador pueden poner las cosas de nuevo en el buen camino.

No obstante, se avecinan más problemas en el paraíso y están llegando a un ordenador cerca de usted.

CAPÍTULO 4

Los dioses están enfadados

Para vislumbrar el futuro, piense en lo que ocurrió la tarde relajada del 6 de mayo de 2010. En ese momento, el porcentaje de operaciones de valores iniciadas por programas HFT se había inflado hasta un increíble 60 por ciento.[1] A todos los efectos prácticos, las máquinas, no las personas, poblaban los mercados. Su orden inocente a E*Trade de cien acciones de Google suponía un simple copo de nieve en esta ventisca perpetua, llevada a cabo principalmente por cortesía para perpetuar la ilusión de que usted pueda participar en el sueño americano.

Comenzando justo a las 14:42, el Promedio Industrial Dow Jones cayó en cuestión de minutos más de mil puntos, o un 9 por ciento, desde su apertura ese día. Más de un billón de dólares en valor de activos había desaparecido a las 14:47. Es dinero real: sus ahorros y los míos, cuentas de pensiones y fondos escolares. Los negociantes estupefactos de las bolsas de valores de todo el mundo casi no podían creer lo que estaban viendo. Era como si el mismo Dios hubiera golpeado el mercado con un martillo. ¿Seguramente era algún tipo de error horroroso?

No lo era. Era la consecuencia de los programas HFT legítimos, que estaban haciendo exactamente aquello para lo que habían sido diseñados.

La Comisión de Valores de los Estados Unidos dedicó casi seis meses a revisar el naufragio electrónico y averiguar qué había sucedido. Aunque las conclusiones de la comisión son un poco controvertidas, lo que por sí mismo constituye un comentario interesante sobre lo que pasó, el problema empezó cuando un gerente de cartera de una gran empresa de fondos de inversión mobiliaria (según consta, Waddell & Reed de Overland, Kansas) efectuó una orden de venta de una cantidad considerable de acciones de una forma muy diversificada, conocida como S&P 500 E-Mini.[2] Irónicamente, Waddell & Reed

[1] «Automated Trading: What Percent of Trades Are Automated?» Too Big Has Failed: Let's Reform Wall Street for Good, 3 de abril de2013, http://www.toobighasfailed. org/2013/03/04/automated-trading/.

[2] Marcy Gordon y Daniel Wagner, «"Flash Crash" Report: Waddell & Reed's $4.1 Billion Trade Blamed for Market Plunge», Huffington Post, 1 de diciembre de 2010, http:// www.huffingtonpost.com/2010/10/01/flash-crash-report-one-41_n_747215.html.

es la antítesis de un buscador de dinero fácil. Muy al contrario, es conocida por tener un estilo inversor denominado «análisis fundamental», en el que se compran y venden acciones lenta y metódicamente, basándose en la actuación de las empresas subyacentes.

El desafortunado gerente de cartera no estaba intentando hacer nada poco convencional. Simplemente realizó una orden cuantiosa, pero por otra parte rutinaria, de vender setenta y cinco mil contratos en cuanto fuera factible, a una tasa no superior al 9 por ciento del volumen de operaciones del minuto anterior, en un intento de asegurar la correcta ejecución de la orden. Después, puso su atención en otros asuntos.

El problema fue que no había suficientes compradores en el mercado para ese valor concreto en ese momento, y al no haber nadie vigilando los precios descendieron vertiginosamente. A medida que cogía fuerza, y otros programas ejecutaban automáticamente órdenes de detención de pérdidas para vender a cualquier precio, el denominador de ese porcentaje crecía cada vez más.

Pero solamente es el principio de la historia. Las alarmas de seguridad, integradas de manera responsable en los programas HFT de todo el mundo, se estropearon. Al detectar fluctuaciones anormales en el mercado, algunas empezaron sumisamente a deshacer posiciones a un ritmo frenético para proteger el dinero de sus clientes. Provocó un pánico bancario electrónico inmediato y total. Los más agresivos, al percibir una oportunidad excepcional, olían la sangre en el agua. Interpretaban la agitada compra y venta de sus homólogos electrónicos como presa a la carrera y operaban frenéticamente basándose en sus predicciones algorítmicas patentadas, que indicaban que la generosa propagación se evaporaría rápidamente. Debido al volumen de transacciones sin precedentes, los sistemas de notificación se quedaron atrasados e infundieron información falsa en esta aglomeración. La cotización de las acciones de Apple se disparó inexplicablemente a más de 100.000 $ por acción, mientras que Accenture se desplomó hasta una cotización de ganga de 1 centavo por acción. De verdad. Mientras tanto, volviendo al mundo real, el sol todavía brillaba, y ambas empresas se dedicaban serenamente a sus negocios como de manera habitual.

En un momento tan dramático como una película melodramática de Hollywood, una única y modesta parte lo salvó con una acción simple. El Chicago Mercantile Exchange, atracción secundaria –fuera de la ciudad– para los creadores de mercado dominantes de Nueva York, detuvo todas las operaciones durante unos breves cinco segundos. Es cierto; algo más de lo que le va a costar a usted leer esta frase. Un destello para usted y para mí, pero una eternidad para los programas desbocados que peleaban todo lo intensamente que podían. Fue tiempo suficiente para que los mercados respiraran hondo y los programas HFT se reajustaran. En cuanto terminó el caos, volvieron las fuerzas habituales del mercado, y los precios recobraron rápidamente cifras cercanas a las que tenían al principio, sólo unos minutos antes. El tornado fatal se evaporó tan repentina e inexplicablemente como apareció.

Aunque la historia parece tener un final feliz, no es así. La confianza en las instituciones de las que nos fiamos para pastorear los ahorros que hemos ganado con el sudor de nuestra frente es la base de nuestro sistema financiero. Ningún panel presidencial de alto nivel ni comunicado de prensa de la Comisión de Valores de los Estados Unidos puede restaurar esta pérdida de fe. Puede ocurrir de nuevo, y ocurrirá, y esa amenaza flota sobre cada una de nuestras decisiones de gasto y ahorro. Los inversores ya no pueden irse a dormir tranquilos sabiendo que cuando se despierten sus ahorros seguirán intactos y madurando. La triste verdad es que el destino está en las manos de las máquinas.

Estas guerras electrónicas no se limitan al sector financiero. Se están convirtiendo en una parte común de nuestro panorama comercial en una amplia variedad de áreas. Pero no tiene que preocuparse por que afecten a su hogar. Ya lo han hecho, aunque de un modo más benigno.

Una tarde de invierno inusualmente fría en Silicon Valley, visité a un amigo que trabaja en una nueva empresa llamada Rocket Fuel. Mark Torrance, director de tecnología, forrado con una inyección reciente de 300 millones de dólares proveniente de una oferta secundaria, se tomó un descanso para quedar conmigo y hablar sobre los negocios de su empresa. Sus propios clientes prácticamente no tienen ni idea de cómo hace lo que hace, pero sin duda alguna les gustan sus resultados. No, la empresa no fabrica combustible para cohetes; compra espacio de páginas web y muestra anuncios para nombres conocidos, como Toshiba, Buick y Lord & Taylor. Suena bastante simple hasta que piensa en cómo se hace. La empresa se describe a sí misma como «empresa de inteligencia artificial y *big data,* cuyo centro de atención es el *marketing* digital».[3]

Es posible que se pregunte quién decide qué anuncios ve usted cuando carga una página web en su ordenador. Quizás suponga que el propietario de la web vende el espacio al anunciante, posiblemente a través de un intermediario, como Rocket Fuel. Sin embargo, la realidad es bastante más compleja.

Cuando usted carga una página web que contiene anuncios, tiene lugar una batalla monumental entre bastidores, en un chasquido de dedos, entre una colección de inteligencias artificiales extrañas. En el segundo que pasa desde que hace clic en un vínculo hasta que la página aparece en su pantalla, cientos de transacciones rebotan con furia en Internet, recogen una sorprendente variedad de detalles sobre su comportamiento reciente, estiman la probabilidad de que uno de los anunciantes disponibles pueda influir en usted y participan en una subasta electrónica llamativa por el derecho a causarle una buena impresión (de hecho, cada visualización de un único anuncio se denomina «impresión»). Rocket Fuel es uno de los guerreros más fuertemente armados en esta escaramuza electrónica.

[3] http://rocketfuel.com.

Empecemos por el trabajo preliminar. Prácticamente cada vez que usted visita una web, hace clic en un enlace o teclea una URL, la página que carga avisa a una o más partes de su llegada, además de al sitio que está visitando. No es demasiado importante cómo se realiza, sino que ilustra la forma en que han sido reutilizadas las raíces académicas históricas de Internet con fines comerciales.

Quizás sea consciente de que una página web verdaderamente contiene enlaces tanto a otras páginas como a archivos que muestran las imágenes que ve en los límites de la página o «marco». Cuando las páginas se cargan despacio, puede que haya notado que estos enlaces individuales pasan fugazmente como una flecha, normalmente en la línea de estado en la parte inferior de la ventana de su navegador. Pueden proceder de la misma web que está visitando, pero frecuentemente provienen de otros sitios de Internet. Cada imagen tiene unas dimensiones concretas, medidas normalmente en píxeles, abreviatura de «elemento de imagen» en inglés. Un píxel es básicamente un punto de una imagen con color y brillo. Por tanto, cuantos más píxeles contenga una imagen, más grande y/o más detallada será (quizás se haya encontrado con este término en la forma de «megapíxeles», o millones de píxeles, que se utiliza para publicitar la calidad de las imágenes de las cámaras digitales).

En los comienzos del desarrollo de Internet, alguien realizó la ingeniosa observación de que una imagen de una página web podía contener un único píxel, provocando que en esencia fuera invisible para usted. ¿Para qué mostrar esto si usted no puede verlo? Ésa es la idea. No puede verlo, pero ese único píxel puede proceder de cualquier parte, en particular de alguien a quien le gustaría prestar atención a cuándo y desde dónde ha visitado esa página concreta. Como el píxel proviene del servidor de un tercero, obtienen el derecho automático a tomar nota, normalmente en su disco duro. Estas notas son archivos diminutos que son conocidos con el pintoresco nombre de «cookies». Obviamente, puede evitar que esto ocurra configurando su navegador. Pero casi nadie lo hace porque complica la utilización de muchas características comunes de las páginas web. Además, la opción recóndita del navegador para bloquear las cookies de terceros no significa nada para la mayoría de las personas. Suena como si alguien ocultara un sabroso tentempié.

Entonces, ¿qué ocurre con estas cookies? Normalmente no son nada más que un identificador exclusivo en forma de un número grande. La información importante se mantiene en el servidor de la parte que deposita la cookie. Nunca le confiarían esa valiosa información a usted porque podría compartirla sin darse cuenta con uno de sus competidores. Puede considerar este identificador como el equivalente electrónico a pegar cuidadosamente una nota *post-it* en su espalda para que puedan contar si le vuelven a ver alguna vez.

Y le vuelven a ver, mientras se mueve por Internet, navega en páginas web, hace clic en enlaces, lee artículos y compra productos, porque estas partes han colocado píxeles por todas partes. Como consecuencia, pueden construir un perfil extraordinariamente completo de sus hábitos: lo que le gusta y lo que no, dónde vive, qué compra y a quién, si viaja, qué enfermedades padece, qué lee, qué ve y qué come. Sin embargo, a pesar de la extensión de este perfil, omite un detalle fundamental: quién es usted realmente. Pueden construir un perfil detallado de un individuo sin saber el nombre, la cara o cualquier otra información que identifique a la persona, excepto que está utilizando un ordenador específico.

Ahora podría preguntarse por qué la web que está visitando permite a todos sus amigos que peguen notas en su espalda. Por el simple motivo de que se benefician de ello. A veces pagan a la web con información: las partes que recogen datos pueden ofrecer muchísimas estadísticas útiles sobre demografía y características personales de los visitantes. No obstante, con mayor frecuencia la web que está visitando quiere poder mostrarle anuncios en el futuro después de que salga. Y acceder al gran tesoro de datos de rastreo del tercero le permite realizarlo (por un precio, por supuesto).

Quizás se pregunte quiénes son los terceros que le siguen por Internet. Algunos son nombres conocidos, como Google y Yahoo; otros son recién llegados, como Rocket Fuel, de la que Mark Torrance estima que ha introducido cookies en alrededor de un 90 por ciento de los ordenadores personales de Estados Unidos. Para saber por qué son tan valiosas estas cookies, necesita entender el poder de la información de referencias cruzadas. La información simple, inútil por sí misma, puede llegar a ser muy valiosa cuando se combina. En conjunto, dicha información puede utilizarse para asignarle lo que se denomina un «grupo de afinidad», que indica sus preferencias o la probabilidad de adquirir un producto concreto.

Por ejemplo, si lee recetas vegetarianas en línea, quizás tenga muchas más posibilidades que la media de estar interesado en probar un nuevo centro de yoga de su barrio. La posibilidad de que alguien casualmente haga clic en un anuncio de unas vacaciones para jugar al golf puede ser una entre diez mil, pero si usted es un hombre puede aumentar a una entre mil, y si usted ha buscado quién ha ganado el Masters de Augusta podría incrementarse a una entre cien. Si ve la trilogía completa de *Crepúsculo*, quizás se anime a comprar su banda sonora, pero si además ha visto *Cosmopolis* y *Bel Ami* es posible que compre una revista en la que aparezca una entrevista a Robert Pattinson (que protagoniza todas estas películas).

O, más importante, si hace poco ha visitado la web de un producto específico, pero no lo ha comprado –por ejemplo, un modelo de zapatillas para correr–, usted tiene muchas más posibilidades de responder a un anuncio de ese producto si se lo muestran en un futuro próximo. El problema es que una vez que ha salido de la web, los fabricantes de esas zapatillas para correr no tienen ninguna forma de comunicarse con usted de nuevo. Por tanto, ahí es donde entran las partes que depositan las cookies en su ordenador. Cuando usted llega a algún sitio –por ejemplo, a una web para hacer la reserva de una cena–, le reconocen como la misma persona que miró las zapatillas la semana anterior y pueden mostrarle un anuncio que le recuerde su interés. Se denomina «redirección», y es una de las formas más valiosas de publicidad en línea actualmente.

Las empresas como Rocket Fuel han creado modelos matemáticos complejos para predecir la probabilidad que tiene de responder a un anuncio concreto de uno de los anunciantes que ellos representan. Y saben, estadísticamente hablando, cuánto vale para cada uno de esos anunciantes. Por tanto, conocen cuánto puede permitirse pagar el anunciante por poner un anuncio concreto delante de usted cuando cargue una página.

Y ahí es donde entran los intelectos sintéticos. Mantener actualizado este análisis es una tarea de una complejidad monumental que sobrepasa las capacidades humanas. Para hacerlo bien, deben recoger y analizar una cantidad asombrosamente grande de datos de manera continuada.

Pero los sistemas de aprendizaje automático con acceso a una potencia informática y un almacenamiento de datos enormes están a la altura de la tarea. Escudriñan constantemente en este río de información, los criban para obtener oro en forma de correlaciones valiosas y esperan para entrar en combate cuando usted visite de nuevo una página, sin tener en cuenta dónde se encuentre ésta.

El problema es que los intelectos sintéticos del resto de las partes que poseen cookies en su ordenador hacen lo mismo. Cada una de ellas representa una colección diferente de anunciantes, y cada una predice valores distintos para mostrarle diferentes anuncios en diferentes partes de diferentes páginas con diferentes navegadores en diferentes momentos del día.

Ahora démosle la vuelta y mirémoslo desde la perspectiva de alguien que simplemente quiere gestionar su propia web y ganar dinero vendiendo publicidad. Vender espacio publicitario a cada anunciante individual es muy poco práctico, excepto para unas cuantas de las webs más grandes y exitosas. Incluso el hecho de vender el espacio a intermediarios (como Rocket Fuel), que representan a varios anunciantes, sería una pesadilla. Por tanto, los intercambios de anuncios electrónicos complejos han surgido para llevar a cabo una subasta de precios real para cada anuncio que aparece discretamente en las páginas que carga. Los operadores de las webs simplemente envían su inventario disponible de espacio publicitario para el intercambio de publicidad. Los intermediarios se inscriben también, y comienza el juego.

Cuando usted carga una página, y ésta requiere un tamaño concreto de anuncio, esta información se transmite al intercambio de publicidad. Inmediatamente se saca a subasta para los intermediarios, que miran si tienen una cookie en su ordenador. Si es así, realizan una valoración compleja para estimar cuánto quieren pagar por esa posibilidad, teniendo en cuenta cada vez que le hayan visto, dónde ha estado y qué ha hecho anteriormente. También consideran qué web está visitando en ese momento, qué contenido tiene la página que visualiza y cuántas posibilidades tiene de comerciar con los anunciantes disponibles en su cartera.

Ahora las cosas se complican. Los intermediarios también podrían comprar información sobre usted a otras empresas que no se encuentran en el negocio de la inserción publicitaria, pero han aceptado compartir las cookies con ellos por un precio. Incluso a la velocidad de la luz de Internet, no resulta práctico llevar a cabo varias fases de subasta. Por tanto, cada postor selecciona un anuncio específico de su listado y realiza una única mejor oferta. Además, en el intercambio de publicidad dice qué mensaje del anunciante planea mostrar, porque las webs que publican los anuncios no quieren que aparezca cualquier cosa en sus páginas (por ejemplo, una web que ofrece sus servicios a niños rechazará ciertos productos dirigidos a adultos, como la publicidad de casinos, aunque quizás la persona que vea la página tenga buenas perspectivas para ello. O una web de información sobre diabetes no querrá mostrar anuncios de caramelos). No obstante, casi todas las webs rechazan mostrar anuncios de sus competidores. Por último, el intercambio de publicidad brinda la oportunidad al mayor postor, pero solamente le cobra el precio del segundo mayor postor (lo que fomenta que los participantes hagan su mejor y mayor oferta).

Por lo tanto, tras haber empleado muy probablemente más potencia informática que la utilizada para llevar al primer hombre a la luna, aparece sin problemas un anuncio en la página que está cargando… y le ofrece vitaminas especiales para su gato con el objetivo de combatir la leucemia felina. Sorprendente. ¿Cómo sabían que tiene un gato desde hace poco? ¡Uf! Si han descubierto eso, ¿tal vez tengan razón también en cuanto a la leucemia?

Durante una conversación reciente, George John, director ejecutivo de Rocket Fuel, me remarcó la ironía de que los intelectos sintéticos llevan a cabo el arte de la persuasión, algo que quizás usted contempla con sensatez como un comportamiento exclusivo humano, de mejor manera. Varios testimonios de clientes en la web de Rocket Fuel señalan que gasta mucho mejor su presupuesto de lo que posiblemente ellos podrían hacerlo.

Quizás haya notado que he tratado por encima una cuestión importante: ¿cómo saben los postores que merece la pena mostrar un anuncio concreto para el anunciante? La respuesta es que existe un sistema totalmente paralelo e igual de sofisticado para que los anunciantes ofrezcan retroalimentación a los intermediarios cuando usted realice una acción relacionada con un anuncio que le han mostrado. Esa acción puede consistir en hacer clic en un anuncio de forma inmediata o visitar de manera independiente la web de ese anunciante en el futuro (este comportamiento retardado se denomina «atribución del visionado»).

Al final de mi visita, Mark Torrance me mostró la precisión extraordinaria con la que sus ordenadores pueden predecir e influir en su comportamiento y me enseñó cómo estima la probabilidad de que usted compre una pizza a uno de sus clientes (una franquicia internacional importante de pizzas) dos semanas después de que usted viera uno de sus anuncios. A través de la selección de una celda verde de una tabla detalladamente coloreada, denominada «mapa de calor», pude apreciar que entre un 9,125 y un 11,345 por ciento de un grupo de consumidores escogido detenidamente pediría una pizza a su cliente en las dos próximas semanas, aunque su cliente no supiera si comen pizza alguna vez. La cifra real, como le comunicó más tarde el cliente, fue de un 10,9 por ciento.

Los diversos participantes de este proceso arduo no son amigos exactamente, y en consecuencia tiene lugar todo tipo de juegos y travesuras. Por ejemplo, como el postor ganador de cualquier subasta sabe qué precio ha ofrecido el segundo, puede deducir mucha información sobre quién está por ahí apuntando al mismo inventario y lo que esas otras partes están dispuestas a pagar. Por tanto, las partes postoras participan en estrategias complejas para ser más listas que los otros participantes, como los jugadores profesionales de póquer, que evalúan al resto perdiendo manos intencionadamente. Y los intelectos sintéticos del intercambio de publicidad, que gestionan toda la subasta, prácticamente se comportan como ángeles. Estudian las estrategias de cada postor y aumentan sus propios beneficios manipulando oportunidades o enfrentando a postores similares para hacer crecer rápidamente el precio.

Con tanta energía invertida en este proceso, es posible que usted esperara que dichos anuncios fueran bastante valiosos, pero ocurre lo contrario. A pesar del esfuerzo hercúleo que estos intelectos sintéticos realizan en todas y cada una de las batallas, el derecho a publicitar un anuncio por medio de uno de esos intercambios de publicidad podría venderse por una cantidad tan pequeña como 0,00005 $ o cinco diez milésimas de penique (en terminología publicitaria, es cinco céntimos coste por mil). Sin embargo, como suele decirse, se ajustan al volumen. Tres amigos fundaron Rocket Fuel en 2008 y, en el momento de escribir esto, la empresa cuesta dos mil millones de dólares aproximadamente. Como puede suponer, tanto Mark Torrance como el director ejecutivo, George John, estudiaron inteligencia artificial en Stanford.

Entonces, ¿cuál es la causa fundamental de todo este jaleo electrónico (programas informáticos que se pelean por la posibilidad de jugarse nuestros sistemas financieros o ejercer influencia en el comportamiento de nuestros clientes)? ¿No pueden jugar amistosamente los intelectos sintéticos, como personas civilizadas y decentes?

La respuesta es inesperadamente simple. Estos sistemas están diseñados para lograr objetivos únicos, sin tener conocimiento ni preocupación por los efectos secundarios. Como explicaré en capítulos posteriores, no hay ningún incentivo para que los combatientes de estos nuevos coliseos electrónicos muestren clemencia los unos por los otros, ni paguen un poco más del mínimo indispensable para conseguir lo que quieren. Del mismo modo, cobrarán la mayor cantidad que puedan con el fin de obtener el máximo beneficio posible.

Los intelectos sintéticos, a medida que invaden áreas que antes eran dominio exclusivo de los humanos, ajenos al contexto social más amplio, son propensos a comportarse de maneras que la sociedad consideraría repugnantes. Quitar una plaza de aparcamiento a alguien que está esperando pacientemente; comprar todas las pilas de la estantería de Home Depot antes de una gran tormenta, sin dejar nada para los demás; o impedir que una persona en silla de ruedas utilice la rampa del bordillo mientras espera que el semáforo cambie de color.

Sin embargo, a medida que estos sistemas se hacen más competentes y autónomos, el peligro aumenta dramáticamente. Por ejemplo, imagine un futuro en el que alguien compra el último modelo de asistente personal robotizado de uso general y le enseña a aplicar sus capacidades inmensas para convertirse en el jugador de ajedrez con más éxito del mundo. El humano posiblemente tenga en mente que el robot estudie las partidas de los grandes maestros, practique contra otros jugadores y participe en varias competiciones. Pero, sin orientación, el robot podría desarrollar estrategias más fiables en vez de eso, como amenazar a las familias de los competidores plausibles con la esperanza de sacarlos de la partida, sabotear los planes llevando a jugadores mejores a las partidas, o incapacitar a cualquiera que pudiera interferir en su capacidad de cumplir su objetivo señalado.[4]

¿Y qué deberíamos hacer, en todo caso, con los posibles peligros que plantean los intelectos sintéticos? La respuesta tiene matices. Tenemos que controlar cuándo y dónde está permitido que los intelectos sintéticos (o cualquier agente electrónico, en realidad) actúen en nuestro nombre. Esta necesidad es particularmente grave cuando se combina con agentes humanos.

Empezaré por este último asunto. Con frecuencia confiamos en el supuesto oculto de un marco de igualdad para distribuir los recursos de manera razonable. Cuando Ticketmaster empezó a funcionar en Internet, aumentó mucho la comodidad de conseguir una entrada para ir a un concierto (soy lo suficientemente mayor como para recordar cuando tenía que ir en coche hasta la tienda Tower Records más cercana con ese objetivo, que era el lugar donde se localizaban las terminales de alta tecnología especializadas de Ticketmaster. Para ser exactos, soy lo suficientemente mayor como para recordar los malos tiempos antes de Ticketmaster, en los que usted simplemente iba al concierto, se ponía en la fila y probaba suerte). Sin embargo, poco después de que Ticketmaster estuviera disponible en Internet, los revendedores empezaron a utilizar programas para devorar las entradas en línea para los conciertos desde el momento en el que estaban disponibles. Como carece de un marco regulador para abordar el problema, Ticketmaster ha intentado soluciones tecnológicas, como requerir que interprete esos pequeños y molestos acertijos –conocidos

[4] Steve Omohundro, «AutonomousTechnology and the Greater Human Good», Journal of Experimental and Theoretical Artificial Intelligence 26, n.º 3 (2014): 303–15.

como CAPTCHA–, con pocos resultados, porque los revendedores emplean a multitudes de seres humanos, la mayoría de países del tercer mundo, para descodificarlos.[5]

El problema aquí no tiene que ver con si utiliza un agente para comprar una entrada. Está bien que compre una entrada en representación de un amigo o pague a alguien para que lo haga. El problema surge cuando permitimos a los agentes electrónicos que compitan por recursos con los agentes humanos. En la mayoría de circunstancias, quebranta nuestro sentido intuitivo de la justicia. Por ese motivo, existen torneos independientes para jugadores de ajedrez humanos e informáticos. También es problemático, por esa razón, permitir que los programas operen con valores al mismo tiempo que los humanos, aunque creo que nos costaría devolver ese genio a la lámpara.

Las filas son grandes ecualizadores culturales porque obligan a todas las personas a sufrir el coste de la espera y dedicar su tiempo personal. Por eso, de algún modo no parece que sea correcto que los cabilderos paguen a personas para permanecer en la fila por ellos en las audiencias del Congreso, lo que excluye a los ciudadanos ordinarios de la posibilidad de asistir. Algunos argumentan que la espera en la fila obtiene un precio mayor de los pudientes que de los menos afortunados, pero se olvida de la finalidad: existen recursos que no queremos que sean intercambiables económicamente. Es el motivo por el que es ilegal comprar o vender votos o riñones en la mayoría de países civilizados.

Este mismo principio, generalizado de manera adecuada, puede aplicarse a casi cualquier circunstancia en la que los agentes electrónicos compitan con humanos, no sólo a las filas. ¿Se diferencian los participantes por su capacidad, o el coste que pagan, para acceder al recurso? Esta pregunta tiene que ser respondida en función de cada caso, pero el concepto queda claro. Por ejemplo, suponga que envío a mi robot a desplazar mi coche cada dos horas para evitar una multa o le enseño a mi automóvil sin conductor a volver a aparcar solo. ¿Consideraré ese coste equivalente a hacerlo por mí mismo para creer que es justo para aquellos que no tienen un conductor robotizado o un vehículo de sobra? ¿Qué ocurre si a mí me cuesta lo mismo enviar al robot que a usted enviar a su asistente administrativo humano?

Yo sostengo que la pelea por el derecho a mostrarle un anuncio es mucho más justa que la participación de los programas HFT en los mercados de valores. Porque en el caso de los anuncios los humanos no participan normalmen-

[5] CAPTCHA son las siglas en inglés de prueba de Turing completamente automática y pública para diferenciar ordenadores de humanos. Mark Twain, como todos saben, dijo: «Tengo la esperanza de que todos nosotros al final nos reunamos en el cielo, excepto el inventor del teléfono». Si hubiera vivido en la actualidad, estoy seguro de que habría incluido al inventor del CAPTCHA. En cuanto al uso de mano de obra de bajo coste de baja cualificación para resolverlo, vea «Virtual Sweatshops Defeat Bot-or-Not Tests», Krebs on Security (blog), de Brian Krebs, 9 de enero de 2012, http://krebsonsecurity.com/2012/01/virtual-sweatshops-defeat-bot-or-not-tests/.

te en las disposiciones (aunque lo hicieran en los inicios de Internet), así que todos los postores están en una posición más igualitaria.

De nuevo, nuestro equipaje biológico funciona en contra de nuestros intereses. Resulta sencillo apreciar físicamente si el robot del jefe desplaza o no su coche. Resulta mucho más complicado decir si alguien ha creado un programa inteligente para reservar una fila entera de plazas de acampada en el parque de Yellowstone el fin de semana que usted quiere ir, en el momento que salen a la venta al público, mientras usted todavía está cargando la página. Tenemos que incorporan estos conceptos en nuestro debate público para poder extender nuestro sentido de la justicia al dominio electrónico. En estos momentos, es un territorio incontrolado envuelto de oscuridad constante, que invita a cualquier forma de engaño.

Pero existen muchos más problemas imperceptibles en el uso de los intelectos sintéticos como agentes.

CAPÍTULO 5

Agente, detenga a ese robot

En la Edad Media se experimentaba con animales para cometer delitos. Existen historias documentadas de pleitos interpuestos contra pollos, ratas, ratones de campo, abejas, mosquitos y cerdos.[1] En aquella época, por lo visto, la gente pensaba que los animales eran capaces de distinguir entre lo correcto y lo incorrecto y comportarse en consecuencia, algo que no hacemos en la actualidad. Creían que los animales poseían lo que se denomina capacidad moral.

Una descripción ampliamente aceptada de los agentes morales es que deben ser capaces de dos cosas: deben poder percibir las consecuencias morales correspondientes a sus acciones y elegir entre las vías de acción pertinentes.

Curiosamente, ninguno de esos dos requisitos depende de un juicio subjetivo e innato de lo correcto y lo incorrecto. Simplemente dice que los agentes tienen que ser capaces de controlar sus propias acciones y valorar las consecuencias de sus acciones frente a unas normas morales objetivas. Es irrelevante si la norma se genera a sí misma, si ellos comprenden la teoría que sirve de base a la norma, si la aceptan o no, o si pueden percibir la diferencia entre la rectitud moral y el pecado.

Piense en el dilema del psicópata. Tiene poca o nula capacidad para sentir empatía o remordimientos por sus acciones. Sin embargo, muchos de los psicópatas, si no la mayoría, son bastante inteligentes, capaces sin duda alguna tanto de entender conceptos morales como de controlar su propio comportamiento en consecuencia; lo que ocurre es que simplemente no experimentan reacciones emocionales a cuestiones morales. Los psicólogos estiman que más del uno por ciento de la población de Estados Unidos es psicópata.[2] Y, aun así,

[1] E. P. Evans, The Criminal Prosecution and Capital Punishment of Animals (1906; repr., Clark, N.J.: Lawbook Exchange, 2009).

[2] Craig S. Neumann y Robert D. Hare, «Psychopathic Traits in a Large Community Sample: Links to Violence, Alcohol Use, and Intelligence», Journal of Consulting and Clinical Psychology 76 n.º 5 (2008): 893–99.

no vemos a una de cada cien personas corriendo por ahí y cometiendo crímenes así como así. Es posible que los psicópatas personalmente se pregunten cuál es el problema, pero saben cómo se supone que deben comportarse, y la mayoría de alguna manera consiguen aguantarse y llevarse bien con el resto de nosotros.

En la actualidad, podemos encontrarnos con la idea medieval de que los animales son capaces de cometer crímenes ridículos, pero la interpretación moderna de la capacidad moral está prácticamente limitada a los humanos.

En 2010, la plataforma petrolífera Deepwater Horizon del Golfo de México sufrió una explosión submarina. Once trabajadores fallecieron, y grandes cantidades de petróleo contaminaron el agua y las playas. El gobierno federal presentó cargos penales –además de civiles– contra BP, la compañía petrolífera propietaria de la plataforma. La empresa resolvió los cargos por cuatro mil millones de dólares. Encabeza las sanciones y multas civiles más elevadas.

El caso penal contra BP ejemplifica que no es necesario que usted sea consciente de la posesión de capacidad moral ni sensible a ésta. En nuestro sistema jurídico se considera que una sociedad tiene capacidad moral y puede ser responsable penalmente. Es decir, se suponía que BP tenía constancia y era capaz de hacer las cosas correctamente para garantizar que el accidente no ocurriera, pero en este caso no lo logró. La propia empresa, a diferencia de sus empleados, tenía la obligación de establecer controles suficientes para evitar incidentes como éste.

Así, la teoría jurídica moderna acepta la idea de que tanto las personas como las empresas pueden tener capacidad moral y, por tanto, ser acusadas de crímenes. ¿Qué sucede con un intelecto sintético? ¿También puede cumplir los requisitos de la responsabilidad moral?

Sí que puede. Si posee la suficiente capacidad como para sentir los aspectos moralmente relevantes de su entorno y puede elegir sus acciones, esto lo clasifica como agente moral. Estos sistemas no tienen que ser muy sofisticados para atravesar esta frontera aparentemente antropológica. Un cortacésped robotizado podría ser capaz de percibir que está a punto de pasar por encima de la pierna de un niño, en lugar de una rama, y elegir si continúa o se detiene. La cuestión, naturalmente, es cómo se supone que sabe que debería parar en un caso y continuar en el otro. Sin ningún tipo de orientación, no esperaríamos a priori que tomara la decisión correcta.

Este problema está lejos de ser teórico. Está teniendo lugar discretamente un debate intelectual activo *sub rosa*, en relación con el modo de programar vehículos autónomos. Resulta sencillo elaborar supuestos desafiantes éticamente para dichos productos, que es prácticamente seguro que sucedan, independientemente de nuestros esfuerzos por evitarlos. Su automóvil sin conductor puede atropellar a un perro para salvar su vida: está bastante claro lo que usted querría que hiciera. Pero ¿qué ocurre si tiene que elegir entre atropellar a una pareja de ancianos o un grupo de niños que cruza la calle? ¿Qué sucedería en el caso de una elección como *La decisión de Sophie* sobre cuál de sus hijos fallece, uno en el asiento delantero y el otro, en el trasero? No podemos pasar por alto estas cuestiones porque tenerlas en cuenta sea muy doloroso, ya que constituyen por sí mismas un acto inmoral.

De acuerdo. Apretaremos los dientes y programaremos según un código moral. Suena como un problema de ingeniería, pero no es tan sencillo. A pesar de la considerable atención prestada a este tema, no existe un consenso aceptado entre los expertos sobre cómo tendría que ser el código moral. A lo largo de los siglos, los filósofos han desarrollado un amplio abanico de teorías y argumentos éticos sobre cuál es el mejor -o el viable-, que continúan sin cesar a día de hoy.

Aunque pudiéramos llegar a un consenso sobre esta complicada cuestión, no existe ningún motivo para creer que el resultado pudiera llevarse a la práctica fácilmente e implementarse desde el punto de vista programático. Algunos investigadores del área incipiente de la ética computacional, que busca la creación de «agentes morales artificiales», han intentado utilizar un planteamiento descendente. Seleccionan e implementan principios morales a priori y después elaboran sistemas que tratan de respetar esos principios (ética normativa basada en los deberes). Otros siguen una estrategia ascendente, que depende de algoritmos de aprendizaje automático presentados con una gran colección de ejemplos relevantes. Sin embargo, este enfoque tiene una desventaja importante: al igual que los humanos, las máquinas no garantizan la adquisición e implementación de principios morales aceptables, ni mucho menos son capaces de expresarlos. Otros planteamientos incluyen un razonamiento basado en casos, que básicamente consiste en resolver desafíos morales relacionándolos con un catálogo de casos conocidos (y similares, con un poco de suerte). Un problema que persigue a este campo emergente es que al menos una parte de nuestro sentido moral parece tener su origen en nuestra capacidad humana para sentir compasión: deducimos por instinto que si algo nos hace daño, probablemente no sea adecuado imponérselo a los demás. Es de suponer que las máquinas no disponen de este atajo del comportamiento ético. En resumen, estamos muy lejos del desarrollo de un currículo para enseñar a los ingenieros la práctica de la programación moral.[3]

Al margen del problema de la capacidad moral de las máquinas, está la cuestión de quién es el responsable cuando toman una decisión inapropiada. Para responder a esto, es útil comprender la teoría jurídica que sustenta la relación entre mandantes y sus agentes. Para analizarlo, volvamos al caso de BP.

Quizás se pregunte cómo puede cometer un delito una empresa, en lugar de sus empleados. Once personas fallecieron en el Deepwater Horizon, pero eso no significa que algún individuo en particular fuera negligente o estuviera

[3] Puede ver un análisis excelente en Moral Machines (Oxford: Oxford University Press, 2009) de Wendell Wallach and Colin Allen.

implicado en un delito. Al contrario, todos los empleados simplemente llevaban a cabo sus tareas asignadas, y ninguna de ellas era matar a once personas.

Los empleados fueron el medio a través del cual cometió el delito la empresa. Según la misma teoría, si usted atraca un banco, sus piernas son el medio gracias al cual entra en el banco. Evidentemente sus piernas no son responsables penalmente. Sin embargo, existe una gran diferencia entre un medio para conseguir hacer algo, como las piernas que le trasladan al banco, y los gerentes del Deepwater Horizon, que no fueron capaces de detectar ni corregir una situación potencialmente peligrosa. Se considera que los gerentes son los agentes de la empresa y, por tanto, asumen parte de la responsabilidad.

Un agente es una parte independiente que está autorizada, por mutuo acuerdo, para actuar en representación de un mandante. Sus piernas no son ni una parte independiente ni están en posición de llegar intencionadamente a un acuerdo común para actuar en su nombre. Por otro lado, un empleado de BP es una parte independiente que puede actuar intencionadamente en nombre de BP.

Al actuar en su nombre, su agente tiene lo que se denomina responsabilidad fiduciaria para llevar a cabo su intención y proteger sus intereses, pero solamente dentro de unos límites. Por ejemplo, si su agente comete un crimen de manera intencionada en su representación, eso no le libra de culpa. Si le contrato a usted para matar a mi rival sentimental, comparte conmigo la responsabilidad del asesinato porque se supone que sabe que forma parte de una conspiración para incumplir la ley.

Pero ¿qué ocurre si un agente comete un crimen y no sabe lo que está haciendo? Yo digo: «Presione este botón». Usted obedece, y explota una bomba en la Super Bowl. Ha actuado como mi agente, pero solamente es responsable si hubiera conocido razonablemente las consecuencias.

Ahora vamos a darle la vuelta a esto. Suponga que los agentes cometen un delito en el servicio de un mandante sin que él lo sepa. Yo le digo que me traiga 100 $ del banco. Usted se dirige allí con una pistola y le entrega una nota al cajero en la que le ordena que ponga el dinero, en billetes sin marcar, dentro de una bolsa de papel. Vuelve y me da la bolsa. ¿Soy yo el responsable de su robo? En la mayoría de circunstancias, la respuesta es no (estoy simplificando mucho porque si la parte presuntamente inocente se beneficia del delito, también puede ser jurídicamente responsable, aunque no sea consciente de ello).

Contamos con una larga historia de principios y antecedentes jurídicos que abordan quién es el responsable de cada cosa en una relación entre mandante y agente o, más exactamente, que distribuyen la responsabilidad entre las partes cuando la responsabilidad relativa no queda clara.

En el caso de BP, el gobierno concluyó que las acciones de los propios empleados no constituían delitos por sí mismas, pero sí lo hacían si se consideraban en conjunto. Por tanto, señalaba a la propia BP como mandante con responsabilidades suficientemente amplias.

Así, la teoría jurídica moderna acepta la idea de que tanto las personas como las empresas pueden ser mandantes y agentes y ser acusados de crímenes independientemente. ¿Qué sucede con una máquina inteligente? ¿Quién es el responsable cuando un intelecto sintético actúa en su representación? Quizás piense que la respuesta lógica es usted, y actualmente puede que sea cierto. Pero no es completamente justo, y es posible que cambie en el futuro por razones de peso.

Piense en el siguiente supuesto. Imagine que compra un robot de hogar que es capaz de bajar en el ascensor de su apartamento en el piso décimo de Greenwich Village, cruzar la calle y comprar un *Frappuccino* de caramelo de Starbucks (no es ciencia ficción totalmente; recientemente se ha hecho una demostración de un prototipo de dicho robot en Stanford).[4] Además de estar programado con diversos principios de comportamiento generales, el robot puede perfeccionar sus habilidades sociales y de navegación observando el comportamiento de las personas con las que se encuentra. Después de todo, los hábitos y costumbres varían de un lugar a otro. En Nueva York puede ser apropiado estrechar la mano de una mujer cuando la conoces, pero en Irán está prohibido si no son familia. Sin usted saberlo, su robot ha sido testigo hace poco de un acontecimiento excepcional: un buen samaritano ha contenido a un carterista hasta que la policía ha llegado y se ha ganado la aprobación y admiración de una muchedumbre creciente de espectadores.

De camino a buscar su café, su robot es testigo de una situación en la que un hombre forcejea con una mujer y le quita su cartera, a pesar de que ella manifiesta su oposición. Deduce que está sucediendo un delito y, de acuerdo con su programación general y su experiencia específica, forcejea con el hombre en el suelo y le detiene mientras llama al 112.

Cuando llega la policía, el hombre les explica que su mujer y él simplemente estaban teniendo un tira y afloja animado por conseguir las llaves del coche para decidir quién iba a conducir. Su esposa confirma la historia. ¡Ups! Concentran la atención en su robot, bien intencionado pero desafortunado, que explica obedientemente que sólo seguía sus instrucciones de ir a por una bebida. Ambos, enfurecidos, insisten en que la policía le arreste a usted por agresión.

El argumento de su abogado defensor es simple: usted no lo hizo; lo hizo el robot. Usted lo compró de buena fe, confiaba en su diseño, y lo usaba para su finalidad prevista, así que la empresa que se lo vendió debería ser la responsable del incidente.

Pero esa empresa también tiene abogados, y ellos argumentan satisfactoriamente que han cumplido todas las normas lógicas de responsabilidad del producto y han actuado con la debida diligencia y atención. Señalan que es la

[4] «PR2 Coffee Run», laboratorio de robótica Salisbury, universidad de Stanford, 2013, http:// web.stanford.edu/group/salisbury_robotx/cgi-bin/salisbury_lab/?page_id=793.

primera vez que ocurre algo así en millones de horas de uso. Desde su punto de vista, ha sido simplemente un accidente inesperado, lamentable pero impredecible, que no difiere de un vehículo autónomo que pasa por un socavón que ha aparecido de repente.

El juez, perplejo por este vacío de responsabilidad, busca antecedentes. Encuentra uno en los códigos de esclavos (como se les denominaba) prebélicos de los siglos XVII y XVIII.[5] Antes de la guerra civil, varios estados y jurisdicciones tenían un conjunto de leyes independiente (y muy desigual) para controlar el tratamiento, la situación legal y las responsabilidades de los esclavos.

En su mayor parte, estos códigos describían a los esclavos como una propiedad con derechos y protecciones limitados, sobre todo por sus propietarios. Aunque hoy en día estamos convencidos de que los esclavos de las plantaciones del sur eran seres humanos conscientes, que merecían los mismos derechos humanos básicos que el resto, merece la pena resaltar que no todas las personas de aquella época estaban de acuerdo con esta valoración.[6] En cualquier caso, estos códigos hacían culpables inevitablemente a los esclavos, no a los propietarios, de sus delitos y eran objeto de castigo.

El juez, en este caso, ve un paralelismo entre la situación de un esclavo –que es un bien jurídico, pero también es capaz de tomar sus decisiones independientes– y su robot. Decide que el castigo adecuado en este caso es que se elimine la memoria del robot para suprimir la experiencia con el carterista y que, como reparación del delito, el robot permanezca bajo custodia de la parte perjudicada durante un período de doce meses.[7]

La víctima del delito cree que es una resolución aceptable y está contento de tener un sirviente gratis y obediente durante el año siguiente. Usted está insatisfecho por perder temporalmente el uso de su robot y luego volver a tener que capacitarlo, pero es mejor que ir a la cárcel por agresión.

Y de este modo comienza una vereda de antecedentes y un conjunto de leyes nuevos.

Resumiendo, nuestras leyes no exigen que un agente moral sea humano ni consciente, como demuestra el caso del Deepwater Horizon de BP. La entidad

[5] Puede ver una exposición extraordinaria previa a la Guerra Civil sobre las contradicciones del tratamiento jurídico de los esclavos, como propiedad y como responsables de sus delitos, en The American Slave Code in Theory and Practice: Its Distinctive Features Shown by Its Statutes, Judicial Decisions, and Illustrative Facts (Nueva York: American and Foreign Antislavery Society of New York, 1853) de William Goodell.

[6] Por ejemplo, vea Josiah Clark Nott, M.D., Two Lectures on the Natural History of the Caucasian and Negro Races (Mobile: Dade and Thompson, 1844), https://archive.org/ stream/NottJosiahClarkTwoLecturesOnTheNaturalHistoryOfTheCaucasianAndNegroRaces/Nott%20Josiah%20Clark%20-%20Two%20Lectures,%20on%20the%20natural%20history%20of%20the%20Caucasian%20and%20Negro%20Races_djvu.txt.

[7] Este concepto se analizó con humor y sutileza en la película *Un amigo para Frank* en 2012, protagonizada por Frank Langella como antiguo ladrón que padece demencia senil avanzada y se hace amigo de un cuidador robotizado. Aunque Thurlow es famoso por esta cita, no está claro si realmente lo dijo de manera tan poética.

correspondiente simplemente debe ser capaz de conocer las consecuencias morales de sus acciones y actuar de manera independiente. Recuerde que los intelectos sintéticos normalmente están equipados con programas de aprendizaje automático, que desarrollan representaciones internas exclusivas basándose en los ejemplos de la formación. Utilizo mucho argot para evitar el riesgo inherente de usar un lenguaje antropomórfico, pero sólo porque todavía no poseemos palabras comunes para describir estos conceptos de ninguna otra manera. De lo contrario, simplemente diría que los intelectos sintéticos piensan y actúan con base en su propia experiencia, lo que claramente hizo su robot en este caso. Lo único que pasó es que se equivocó. Puede que estuviera actuando como su agente jurídico, pero como usted no sabía qué hacía, aunque fuera su mandante, no es el responsable; el responsable es él.

Solamente hay un problema. Si acepta que un intelecto sintético pueda cometer un delito, ¿de qué manera lo sanciona? El juez en este caso castigó de manera efectiva al propietario del robot y compensó a la víctima, pero ¿aplicó la justicia al robot?

A título orientativo, considere cómo se trata a las empresas. Obviamente, no puede sancionar a una empresa de la misma manera que a un humano. No puede condenar a una empresa a diez años de cárcel, ni privarle del derecho a votar. En palabras de Edward Thurlow, lord canciller de Inglaterra a principios del siglo XIX: «¿Esperaba que una empresa tuviera conciencia, si no tiene alma para ser condenada, ni cuerpo para ser golpeado?»[8]

La clave aquí está en que los humanos, las empresas y los intelectos sintéticos tienen todos algo en común: un propósito u objetivo (al menos en el contexto del delito). Un humano puede cometer un delito por varias razones, tales como beneficio material, para permanecer fuera de prisión (paradójicamente) o deshacerse de un rival sentimental. Y los castigos que aplicamos están relacionados con esos objetivos. Podemos privar al delincuente de la vida (pena de muerte), libertad (encarcelación) o la capacidad para alcanzar la felicidad (una orden de alejamiento, por ejemplo).

Cuando las empresas cometen delitos no las encerramos. En lugar de eso, imponemos multas. Como el objetivo de una empresa es conseguir dinero, al menos la mayor parte del tiempo, éste es un elemento disuasorio importante del mal comportamiento. Además, podemos anular contratos, excluirlas de los mercados o hacer que sus acciones estén sujetas a supervisión externa, como es el caso en ocasiones de los litigios antimonopolio. En caso extremo, podemos privarla de vida (es decir, cerrarla).

De este modo, ya hemos aceptado el concepto de que no todos los delincuentes deberían sufrir las mismas consecuencias. No sólo debería adecuarse

[8] La propia cita parece haber adquirido relevancia en John C. Coffee: «"No Soul to Damn, No Body to Kick": An Unscandalized Inquiry into the Problem of Corporate Punishment», Michigan Law Review 79, n.º 3 (1981): 386.

la sanción al delito, sino que también debería adecuarse al delincuente. Castigar a un intelecto sintético requiere obstaculizar su capacidad de lograr metas. No tiene consecuencias emocionales como ocurriría con un humano, pero sí que cumple objetivos importantes de nuestro sistema jurídico: disuasión y rehabilitación. Un intelecto sintético, programado racionalmente para conseguir sus objetivos, va a modificar su comportamiento para lograr sus metas cuando se encuentre con obstáculos. Es tan simple como observar ejemplos de otros casos en los que rinda cuentas por sus errores.

Tenga en cuenta que, a diferencia de la mayoría de los artefactos fabricados en masa, los ejemplos de intelectos sintéticos no tienen por qué ser equivalentes; por la misma razón que unos gemelos idénticos no son la misma persona. Cada uno aprende de sus propias experiencias y saca sus propias conclusiones idiosincrásicas, como ha hecho nuestro robot ficticio en el caso de la agresión.

Para obtener un ejemplo más actual, piense en un programa de detección del fraude con tarjetas de crédito que utiliza algoritmos de aprendizaje automático. Sin darse cuenta, puede entrar en conflicto con las leyes antidiscriminación al tener en cuenta la raza del titular, o quizás descubra independientemente alguna otra variable relacionada de manera estrecha con la raza. Poner en orden la tortilla digital en la que se integran los conocimientos sería muy poco práctico, así que la pena podría ser borrar la base de datos completa.

Quizás suene inofensivo, pero no lo es. Podría conllevar consecuencias económicas considerables para el banco o el propietario del programa, que contaban con miles de millones de transacciones en tiempo real recogidas durante años para ajustar su rendimiento. Puede estar seguro de que el propietario lucharía arduamente por evitar este resultado.

No obstante, la amnesia forzosa no es la única manera de interferir en los objetivos de un intelecto sintético. Es posible anular su autoridad para actuar. De hecho, la autorización para permitir el uso de los intelectos sintéticos y el hecho de hacerlos responsables de su comportamiento van de la mano.

Por ejemplo, es posible que el gobierno o las compañías aseguradoras revisen y autoricen todos los modelos de vehículos autónomos, al igual que hacen en la actualidad con los automóviles. Lo mismo ocurre con los programas informáticos que gestionan el equipamiento médico, que corresponden a la definición de dispositivos médicos. En el futuro, quizás anulemos la autoridad por medio de la retirada de la licencia a un taxi autónomo, la exigencia de que un programa jurídico repita el examen de acceso a la abogacía o la eliminación de los credenciales de la cuenta de un programa comercial automatizado.

De este modo, los intelectos sintéticos tendrán derechos (por ejemplo, en forma de licencias) y responsabilidades (por ejemplo, abstenerse de ocasionar daños a las pertenencias de otras personas) reconocidos, como cualquier otra entidad que pueda sentir, actuar y tomar decisiones. Su marco jurídico se denomina derechos de la personalidad.

Los cómicos nocturnos disfrutan burlándose del principio jurídico sólidamente establecido de que las empresas son personas, por ejemplo tras el caso «Ciudadanos Unidos contra Comisión de Elecciones Federales» (2010), en el que el Tribunal Supremo de Estados Unidos afirmó que las empresas tienen derecho a la libertad de expresión de la Primera Enmienda a la Constitución. Evidentemente, esto no significa lo que los cómicos representan, los cuales irreflexivamente consideran equivalentes a empresas y humanos. Simplemente quiere decir que las empresas tienen derechos y responsabilidades exclusivos, y la clave jurídica para ello son los derechos de la personalidad.[9]

Los paralelismos funcionales entre empresas e intelectos sintéticos son tan claros que es posible que los tribunales establezcan como principio que los intelectos sintéticos puedan ser personas artificiales, en un intento de darle sentido a un mosaico de antecedentes, como el caso de la agresión robotizada descrita anteriormente. Los derechos y responsabilidades relacionados evolucionarán con el paso del tiempo.

El derecho más importante es el de firmar contratos y poseer patrimonio. Se puede decir que ya permitimos a los sistemas informáticos firmar contratos cuando comercian con valores o al realizar una compra en línea. Lo que ocurre es que sus propietarios son las entidades jurídicas obligadas por esos contratos.

Además, habrá una gran presión para permitir que las personas artificiales posean patrimonio porque éste estará sujeto a confiscación o multas, independientes a los propietarios de la persona artificial. En el ejemplo de la agresión del robot, el juez de hecho le condenó a un año de servidumbre precisamente porque su propio trabajo era el único patrimonio que poseía. No existía ninguna manera de que el robot pagara una multa, y suponemos que el juez creyó que esta sentencia era mejor que pedirle al propietario que pagara. Pero si el robot tuviera su propia cuenta bancaria floreciente, sería un objetivo muy tentador.

Los propietarios de intelectos sintéticos también prefieren la atribución de derechos contractuales y de la propiedad a las personas artificiales porque tiene el efecto secundario de aislar su propio patrimonio de la responsabilidad; la mayor motivación común para fundar una sociedad hoy en día.

A diferencia de la mayoría de predicciones, no es una especulación caprichosa sobre un posible futuro entre muchos. Al contrario, será difícil evitarlo porque la consecuencia puede ser simulada en la actualidad envolviendo cada intelecto sintético en su propia sociedad jurídica, del mismo modo que su abogado o su médico pueden ser una sociedad profesional o sociedad de responsabilidad limitada. Si yo fuera el propietario y operador de una flota de

[9] La trayectoria de las empresas estadounidenses hacia los derechos de la personalidad comenzó con una decisión del Tribunal Supremo en 1819, que afirmaba que el propio Dartmouth College tenía derecho a la protección de la cláusula contractual de la Constitución de EE. UU. (artículo I, sección 10, cláusula 1). Los derechos y responsabilidades de las empresas se ampliaron y pulieron a partir de ahí.

taxis autónomos, consideraría seriamente la incorporación de cada vehículo como patrimonio de su propia entidad jurídica precisamente por este motivo: no querría que un único error catastrófico llevara a la quiebra a toda mi empresa. Aparte de eso, dejaría que mis subordinados itinerantes hicieran dinero de la mejor forma que pudieran y guardaran sus beneficios para que yo los recogiera como la miel de un panal.

Lo que nos lleva de nuevo al problema fundamental de las máquinas inteligentes como agentes. Perseguirán implacablemente los objetivos que les asignemos, superarán a los humanos, y es posible que sólo estén bajo nuestro control nominalmente, al menos hasta que desarrollemos el marco ético y jurídico para incorporarlos como socios productivos en la sociedad humana. A medida que enriquezcan nuestras vidas, aumenten nuestra prosperidad e incrementen nuestro esparcimiento, los beneficios irresistibles e innegables de toda esta tecnología ocultarán una verdad alarmante: los intelectos sintéticos y los falsos trabajadores funcionarán como agentes independientes, desempeñarán trabajos y obtendrán dinero en representación de sus propietarios, sin tener en cuenta las consecuencias en otras personas o la sociedad en general. En lugar de eso, como en el caso de los programas HFT, posiblemente se queden con la mejor parte de la enorme riqueza que produzcan para beneficio de unos cuantos afortunados.

Como es de esperar, este supuesto ya ha comenzado. Los sistemas omniscientes superhumanos observan nuestro comportamiento individual y colectivo, nos orientan en lo que compramos, escuchan, ven y leen, y mientras tanto los beneficios se acumulan discretamente en otro lugar. No tiene que irse muy lejos para encontrar un ejemplo de cómo le afecta esto; ¡no tiene que esperar al proceso de pago1 en la nube de Amazon!

CAPÍTULO 6

Estados Unidos, el país del envío gratuito

Conocí a Jeff Bezos en un retiro para presidentes ejecutivos de la sociedad de capital riesgo de Kleiner, Perkins, Caufield y Byers, en 1996. Quizás suene a un cónclave del estilo de un Davos o Boheamian Club de líderes e innovadores, pero nada más lejos de la realidad. La mayor parte de los treinta asistentes aproximadamente eran relativamente recién llegados al escenario de Silicon Valley. Jeff fue uno de los primeros en darse cuenta de que la apertura de Internet al uso comercial podría conllevar importantes oportunidades empresariales. Anteriormente estaba restringido al gobierno y los institutos de investigación para misiones oficiales, y el acceso estaba controlado por la Agencia de Proyectos de Investigación Avanzados de Defensa (DARPA, por sus siglas en inglés).

Jeff, que era licenciado en ingeniería eléctrica e informática y había desempeñado una serie de trabajos técnicos en Wall Street, había llegado a un puesto en una empresa de inversión –hermética, pero con mucho éxito– fundada por Dave Shaw, profesor afable de la universidad de Columbia, diez años mayor que él. Sí, el mismo Dave Shaw que lideró el comercio programado, fundó D. E. Shaw and Company y que Wall Street apodó como King Quant. Pero un día, por razones que solamente Dave y él conocen, Jeff lo dejó para probar suerte en otra parte. Su mujer y él amontonaron sus pertenencias en su coche y se marcharon a Seattle. Durante el camino, elaboró un plan de negocios mientras –me imagino– su mujer conducía.

Jeff era un emprendedor primerizo con mucha energía, una risa escandalosa y una sonrisa peculiar. Me daba la impresión, como presidente ejecutivo y compañero de una de las primeras startups de Internet, de que Jeff manifestaba una carencia asombrosa de cautela. Siempre me fascinó que contrajera compromisos empresariales multimillonarios con la total confianza de que cuando llegara el momento habría sido capaz de obtener el dinero necesario. Y nunca se equivocaba. La idea de Jeff era abrir una librería en línea, a la que dio el curioso nombre de Amazon. Según recuerdo, cuando nos conocimos, se enfrentaba al problema menor de que Amazon era demasiado pequeño como para merecer la atención de las editoriales, por no hablar de que no tenía medios para comprar ni vender libros. Ambos estuvimos intentando averiguar cómo aceptar pagos en Internet, ya que por aquel entonces ningún banco importante hubiera procesado transacciones de tarjetas de crédito transmitidas a través de algún tipo de red informática pública de la que nunca hubieran oído hablar. Si usted no viese ni hablase con sus clientes, ¿cómo podría saber que eran quienes decían ser?

Sin capital ni conexiones para invertir en almacenes y existencias, Jeff realizó la mejor alternativa: llegó a un acuerdo con el mayorista más grande de esa época, Ingram Book Group. Ingram almacenaba y enviaba libros en pequeñas cantidades a librerías independientes de todo el país, y el mayorista también servía como recurso para las mayores cadenas si se quedaban sin existencias localmente y necesitaban una entrega rápida. La ventaja, desde el punto de vista de Jeff, era que Ingram enviaría pedidos tan pequeños como un único libro, aunque me imagino que la empresa no estaba muy satisfecha con ello.

Mi idea de startup era que los bienes no tenían que venderse en Internet a precios fijos. Así que creé con dos socios Onsale.com, la primera web de subastas en Internet.[1] Sin embargo, Jeff había aprendido una lección importante de Dave Shaw que yo había pasado por alto, al menos al principio: el valor real no se encontraba en el inventario, sino en los datos.

Jeff se dio cuenta de que los mismos principios básicos que D. E. Shaw and Company aplicaban a las transacciones de valores podían ser aplicados a la información proporcionada por las personas. En su opinión, al menos inicialmente, el hecho de que estuviera comerciando con productos físicos era fortuito, o por lo menos secundario; el inventario y la logística eran asuntos que podían subcontratarse a terceras partes por una tarifa. El verdadero eje de su empresa era recopilar reseñas de libros y relatos de compra de sus clientes. Sabía que el tiempo necesario para leer un libro representaba un coste más elevado para la mayor parte de los compradores que el precio nominal del producto. El tiempo que usted dedicara a profundizar en una lectura que no le gustara era tiempo perdido. Por tanto, ¿por qué no dejar que los clientes seleccionen sus productos de la misma forma que lo haría el dependiente de una librería tradicional? Supuso correctamente que la oportunidad de pontificar en público y ayudar a los demás era suficiente recompensa por su trabajo.

Constatando lo evidente, Amazon no sólo ha revolucionado prácticamente todos los aspectos de la industria del libro –con la posible excepción de la es-

[1] Las personas que fundaron Onsale.com conmigo fueron los ingenieros talentosos Alan Fisher y Razi Mohiuddin. Al final la empresa fue vendida a Egghead Software, empresa informática minorista respetada en aquella época y que está cerrada en la actualidad. Las patentes a subasta de Onsale ahora pertenecen a eBay.

critura–, sino que además ha crecido hasta convertirse en uno de los mayores vendedores de casi todo. Pero existe otro modo de ver el crecimiento extraordinario de Amazon.

Cuando la describimos como tienda virtual, la consideramos un análogo digital de una tienda física. Sin embargo, existe una manera alternativa de describir a Amazon: como aplicación y ampliación de las estrategias de negociación con valores de D. E. Shaw and Company para la compra y venta de productos al por menor.

Cuando Amazon procesaba su pedido transmitiéndolo a Ingram para su envío, participaba en el mismo tipo de arbitraje que los superordenadores de Dave Shaw: dos transacciones simultáneas que garantizaban la obtención de un beneficio, siempre y cuando ambas se liquidaran. La primera transacción era con usted –un acuerdo para venderle un libro a un precio concreto en un período de tiempo acordado mutuamente (también conocido como contrato de futuros)–, y otra transacción distinta con Ingram para comprar un libro con el fin de enviarlo a un destino específico. Al ajustar constantemente el precio de venta para usted, Amazon cerraba un diferencial de precio conocido como su beneficio bruto. Y al igual que el algoritmo de comercio programado, el esquema completo funcionaba porque Amazon tenía mejor información que usted. Concretamente, sabía dónde y cómo adquirir el artículo a un mejor precio (es decir, a Ingram), algo de lo que usted no está al tanto ni puede aprovechar directamente.[2]

Ahora Jeff sabe, como lo sabía entonces, que el poder se encontraba en los datos. Ha dedicado casi dos décadas a reunir una selección sin precedentes de estadísticas sobre hábitos de compra individuales y colectivos, incluyendo información personal detallada de más de 200 millones de compradores activos. Principalmente lo hizo perdiendo dinero, pero eso se detendría seguro cuando su clientela continuada se asegurase estadísticamente, el grupo potencial de nuevos compradores empezara a reducirse y Jeff decidiera restringir su inversión y expansión (en términos empresariales, cuando el coste de la adquisición de un nuevo cliente converge con el valor vitalicio de los clientes). Al igual que en otros monopolios, cuando a los proveedores no les queda otra elección que comerciar con Amazon, lo cual es totalmente cierto en la industria del libro, y los clientes son tan leales como los cortesanos, existen infinidad de maneras de extraer la prima correspondiente al dominio del mercado (al contrario de la creencia popular, los monopolios no son ilegales; es la manera en que utilizan su poder de mercado para limitar la competencia lo que a veces provoca que entren en conflicto con las leyes).

[2] Amazon incluso se reserva el derecho a cancelar su pedido si la transacción resulta ser poco rentable. En su sistema de ayuda dice: «Si el precio correcto de un producto es mayor que nuestro precio indicado, nos podremos en contacto con usted, a nuestra discreción, para darle instrucciones antes de enviar o cancelar su pedido y avisarle de dicha cancelación». http://www.am azon.com/gp/help/customer/display.html?ie=UTF8&nodeId=201133210, acceso el 31 de diciembre de 2014.

Pero ¿cómo da Amazon un uso productivo a esta abundancia de datos? En primer lugar, ajustando los precios sobre la marcha para lograr ciertos objetivos empresariales. Amazon quiere fortalecer la confianza de que cuando les compre algo va a obtener el mejor precio, o al menos uno muy bueno, siempre y cuando los inversores estén dispuestos a permitir a la empresa la libertad de crecer a costa de los beneficios. La manera más sencilla de cumplir este objetivo es llevarlo a la práctica. De este modo, la empresa monitoriza constantemente los precios de la competencia y ajusta los suyos propios en consecuencia.

Si es cliente habitual de Amazon, se habrá dado cuenta de que los precios de los artículos de su carrito de la compra cambian inexplicablemente conforme avanza el tiempo, a veces en cantidades insignificantes. Han surgido empresas enteras que monitorizan estas fluctuaciones para ayudarle a encontrar el mejor precio.[3] La pregunta es por qué. La naturaleza aparentemente aleatoria de estos cambios sugiere que son el resultado de un proceso automatizado, muy posiblemente arañas web que modifican los precios desde otras webs, o incluso la propia Amazon, porque además de vender directamente Amazon es un mercado en el que otros pueden vender los mismos productos. Un estudio de los precios de la universidad de Míchigan en verano de 2000 descubrió que el precio de un DVD en Amazon variaba hasta un 20 por ciento, dependiendo del navegador y la cuenta del usuario. Cuando un grupo de clientes acusó a Amazon de cobrarles distintos precios por los mismos artículos, la empresa atribuyó las discrepancias a «una prueba muy breve para ver cómo responden los clientes a los diversos precios».[4]

La mayoría de las personas creen que es ilegal que las empresas cobren diferentes precios a los clientes, pero no hay nada ilegal ni inadecuado en dichas prácticas mientras no se utilicen ciertos criterios –como raza, género y orientación sexual– para discriminar. Amazon no es exclusivo en este sentido. Un informe de investigación de 2005 de la universidad de Pensilvania analizó la forma de los programas de tarjetas de fidelización de las tiendas de ofrecer cupones de descuento valorados de manera distinta dependiendo de factores como en qué medida es usted leal a la marca.[5] En otras palabras, si usted estuviera predispuesto a adquirir el artículo de todos modos, ¿por qué traicionaría casi literalmente a la tienda?

[3] Por ejemplo, http://camelcamelcamel.com.

[4] Janet Adamy, «E-tailer Price Tailoring May Be Wave of Future», Chicago Tribune, 25 de septiembre de 2000,http://articles.chicagotribune.com/2000-09-25/business/0009250 017_1_prices-amazon-spokesman-bill-curry-don-harter.

[5] J. Turow, L. Feldman y K.Meltzer, «Open to Exploitation: American Shoppers Online and Offline», Centro Annenberg de Políticas Públicas de la universidad de Pensilvania, 2005, http://repository.upenn.edu/asc_papers/35.

El problema aquí es que todo este maravilloso *laissez-faire* es un preludio de *à prendre ou à laisser* (lo toma o lo deja).[6] El flujo libre de información en Internet da lugar a mercados «todo para el ganador», y las tiendas virtuales no son una excepción.[7]

Antes de Internet, existían dos puntos de fricción que posibilitaban un mercado de venta al por menor bastante fuerte como para admitir de forma rentable a varios vendedores de productos idénticos. El primero era la información. ¿Cuánto más complicado era comparar precios cuando tenía que ir en coche hasta la tienda de la competencia o buscar sus anuncios en el periódico local y esperar hasta encontrar el mismo artículo?

El otro punto de fricción para los productos de venta al por menor era el coste efectivo del envío. ¿Qué ocurre si la lámpara que quiere comparar está disponible por menos en una tienda a más de cien kilómetros? No merece la pena el viaje en coche. En principio, también podría ser un problema en Internet porque el coste de enviar un artículo desde un almacén en New Jersey hasta la ciudad de Nueva York debería ser menor que el coste de enviar el mismo a San Francisco. Sin embargo, Amazon también ha resuelto ese problema gracias a la utilización de economías de escala para situar previamente los productos cerca de los núcleos de población principales, un lujo que no está disponible para la mayoría de los posibles competidores futuros o actuales.

Estos dos puntos de fricción están relacionados estrechamente, y Amazon los ha fusionado en una ventaja magnífica. La separación del coste en un precio de producto y otro de envío es una fantasía para la manipulación. La división del precio total en partes es una manera tradicional de ocultar los costes reales, aunque al final todo se reduzca a una cifra total.

Los ejemplos de esta técnica en otros campos son las tarifas de destino, entrega y documentación que se añaden a los precios de etiqueta de los automóviles. La facturación médica ha llevado esta destreza de confundir a los clientes hasta un nuevo nivel de ridiculez al enviar los cargos de infraestructura (hospitalarios) y las facturas de los médicos de manera independiente con fechas de vencimiento distintas, por lo que casi nunca sabe cuánto le cuesta un servicio en el momento en el que lo paga.[8] Incluso en Internet, intentar comparar las características y los precios de modelos distintos de or-

[6] La expresión francesa *laissez-faire* se traduce literalmente como «dejen hacer», que significa permitir al mercado funcionar libremente sin la interferencia del gobierno.

[7] Esta consecuencia se detalla meticulosamente en Who Owns the Future? de Jaron Lanier (Nueva York: Simon and Schuster, 2013).

[8] Kaiser Permanente, mi organización para el mantenimiento de la salud, lo ha llevado hasta sus últimas consecuencias: ni siquiera le dirá lo que cuestan sus medicamentos hasta que se los haya enviado. Como consecuencia de las modificaciones de la estrategia exigidas por la Ley de Cuidado de Salud Asequible, Kaiser Permanente me cobró 2.431,85 $ por un recambio que un mes antes tenía un coste de sólo 40,95 $. La empresa, lejos de mostrarse arrepentida, se negó a aceptar una devolución o reembolso de mi dinero hasta que realizara una solicitud.

denadores es prácticamente imposible hasta para los expertos, ya que tiene que determinar de forma exacta qué se incluye y qué tendrá que comprar por separado. En este sentido, Apple Computer es un modelo de transparencia para el consumidor.

Al igual que en el sector de la asistencia médica, Amazon fue pionera en una manera nueva de ocultar el precio que usted paga, no solamente con la separación de la información requerida en dos partes distintas, sino al hacer que fuera literalmente imposible discernir el coste total hasta mucho después de haber hecho la compra. Lo innovador era cobrarle una tarifa de envío fija anual (Amazon Prime), independientemente de la cantidad de compras que hubiera hecho o fuera a hacer ese año (se puede decir que Amazon Prime es una variante actualizada de la estrategia del club de venta que cobra una tarifa de suscripción anual). Esto evoca la ilusión oximorónica del envío gratuito por el que paga. Parafraseando al economista Milton Fried: «Eso del envío gratuito no existe; siempre paga alguien». ¿Le merece la pena esta tarifa? ¿Sería mejor pagar un precio mayor que incluyera el envío por parte de un proveedor alternativo? Solamente Amazon lo sabe con certeza.

Al persuadirle para que pague previamente por el envío, le disuade de comprar en cualquier otro lugar e imposibilita la compra racional. Al menos es una motivación para el enfoque admirable de Amazon en la satisfacción del cliente: existen escasos motivos para cuestionar sus prácticas de fijación de precios o para la comparación de precios –aunque usted pudiera–, siempre y cuando esté contento con la empresa.

No obstante, la empresa ha llevado la doctrina de la asimetría de la información un paso más allá. La red de almacenes de Amazon es muy extensa; ha adoptado la política excepcional de permitir a sus competidores ofrecer sus propios productos en la web de Amazon y utilizar las propias instalaciones de Amazon para su comercialización. Quizás piense que es un acto igualitario que sirve para nivelar el campo de actuación, al proporcionar acceso al pequeño a las mismas ventajas de las que disfruta Amazon. Pero, en realidad, esta táctica ingeniosa le ofrece dos posibles ventajas competitivas adicionales: posee un ventanal abierto a las ventas y precios de la competencia, y la estrategia básicamente le proporciona el control de los costes de su competencia porque puede ajustar los precios que cobra por esos servicios. Después de todo, nadie dijo que tuviera que cobrar a la competencia solamente su parte proporcional de los costes de comercialización. ¿Quiere dominar el mercado de los cepillos de dientes eléctricos? No hay ningún problema; cobre a su competencia más por almacenar y enviar su inventario de lo que le cuesta a usted encargarse de los mismos productos.

El denominador común de estas tácticas empresariales es adquirir una ventaja de información duradera sobre clientes y competencia, envuelta con destreza en una narrativa de precios bajos, servicio excepcional y juego limpio.

Creo que Amazon es una empresa asombrosa, y Jeff Bezos es un tipo excelente, pero existe otro motivo por el que los mercados financieros valoran la empresa en más de seiscientas veces sus beneficios (2013), cuando la media está en alrededor veinte veces: esperan con impaciencia el momento inevitable en el que la empresa extrae precios de monopolio después de asegurarse los clientes y calcinar la tierra de su competencia. Y esto es tal como debe ser. Los clientes no son estúpidos; irán donde consigan la mejor transacción en todos los aspectos, incluyendo comodidad, servicio y otros factores. No les preocupa si su comportamiento de compra a corto plazo pudiera reestructurar el panorama de la venta al por menor en detrimento de los clientes futuros, al igual que los primeros residentes de la Isla de Pascua no se preocupaban de si los árboles que talaban para obtener leña contribuirían a que el paisaje quedara desolado y sombrío para sus descendientes.

Sin embargo, cuando empiece a subir el río de precios y los beneficios lleguen a raudales, los puntos de referencia competitivos familiares con los que juzgar el valor recibido habrán estado hundidos y habrán sido azotados durante mucho tiempo. Me parece que la decisión de Jeff de llamar Amazon a la empresa –el nombre del río más grande del mundo, que arrasa con todo lo que se encuentra en su camino–tiene más sentido ahora.

El centro de atención en la garantía de una ventaja de información no fue la única lección que Jeff aprendió de Dave Shaw. Además de eso, se tomó en serio los beneficios inmensos que la tecnología avanzada de la información podía proporcionar al aprovechar estos datos.

En principio, Amazon podía haber conseguido la mayor parte de su éxito utilizando solamente prácticas tradicionales de venta al por menor tras bambalinas: contratando gerentes de producto para monitorizar la competencia y fijar los precios, agentes de compras para seleccionar y ordenar las existencias, y operarios de almacén para recoger y enviar pedidos. Y ciertamente Amazon tiene mucho de todo ello. Sin embargo, Jeff también invirtió mucho y con anticipación en sistemas automatizados para explotar sus ventajas exclusivas. No eran los sistemas de procesamiento de datos convencionales de la competencia tradicional, que no tienen la posibilidad de ajustar los precios de manera instantánea a las condiciones del mercado y los hábitos individuales de los consumidores. Y ahí es donde entra la inteligencia artificial, concretamente los sistemas de aprendizaje automático.

Probar y ajustar precios continuamente de forma individual, al mismo tiempo que se da respuesta a las amenazas competitivas, es algo increíblemente complejo. Si su objetivo es reafirmar la percepción de los precios bajos o maximizar los beneficios, se necesita velocidad y decisiones extraordinarias, aplicadas miles de veces por segundo en innumerables transacciones simultáneas. Para llevar a cabo este ballet masivo se necesita un intelecto sintético. Y eso es lo que Amazon ha creado exactamente.

¿Están dispuestos los consumidores a pagar un céntimo más por un pañuelo después de que su equipo local pierda un partido de fútbol muy reñido? ¿Son menos sensibles los compradores de la ciudad ganadores al precio del cava? ¿Es posible que compre un cargador adicional de iPhone a un precio sin descuento si puede recibirlo el martes o es el tipo de persona que necesita un pequeño descuento para pasar el límite? ¿Las personas que ven películas clásicas antes de mediodía prefieren leer historias de amor a novelas de misterio en sus Kindle? ¿Y por cuánto exactamente?

Quizás estas preguntas sea difíciles de responder, pero al menos puede percibir un atisbo de lógica tras ellas. Incluso el hecho de considerar preguntarlas requiere un nivel de información que pocos comerciantes profesionales humanos poseen. Por otra parte, un intelecto sintético no sufre estas restricciones. Quizás los clientes con nombres compuestos estén dispuestos a pagar más por flores artificiales los días de diario que los fines de semana, aquellos que vivan en apartamentos prefieran libros con portadas azules a rojas, o los titulares de MasterCard tengan menos posibilidades de devolver auriculares si los han comprado junto con otros artículos. Éste es el océano inconmensurable que exploran los algoritmos del aprendizaje automático. A continuación tenemos un ejemplo real de una queja en un foro de debate: «He estado siguiendo el 42LV5500 (HDTV 42" de LG). El precio cae a 927 por la noche, alrededor de las 9:00 (EST) aumenta a 967, después cae entre 5 y 10 $ sobre las 17:00, y luego baja de nuevo a 927 por la noche. Me di cuenta por la mañana, cancelé mi pedido y lo volví a comprar al precio de 927. Es exasperante. Han seguido este patrón durante tres días seguidos».[9]

En la actualidad, Amazon mantiene la ilusión (por no decir la realidad) de tener precios bajos todos los días. En el futuro, no habrá nada que impida que dichas empresas le presenten a usted –y solamente a usted– de manera precisa las ofertas y gangas que maximizarán los beneficios de la empresa.

Por medio de este proceso, usted seguirá estando totalmente bajo control. Después de todo, es un país libre. Puede tomar sus propias decisiones, tomarlo o dejarlo, elegir el camino que sea de su agrado. Pero mientras usted ejerza su libertad como individuo, de manera colectiva no lo haremos. Las inteligencias artificiales son capaces de gestionar plenamente el comportamiento de los grupos con una precisión estadística excelente, al mismo tiempo que permiten a los individuos deambular en la dirección que sus previsibles corazoncitos deseen.

Por supuesto, Amazon es simplemente un ejemplo único de un fenómeno que se está expandiendo de manera silenciosa en muchos aspectos de nuestras vidas. Las inteligencias artificiales de todo tipo regatean con nosotros

[9] John Pries (20 de mayo de 2011), en respuesta a una pregunta de David Burnia (8 de abril de 2009), Amazon, http://www.amazon.com/Why-does-price-change-come/forum/Fx1UM3L W4UCKBO2/TxG5MA6XN349AN/2?asin=B001FA1NZU.

discretamente, toman nuestras medidas y apuntan nuestros intereses. Sin embargo, existe una delgada línea entre solamente resaltar las oportunidades importantes e incentivarnos a tomar medidas que beneficien a los demás. Y la autoridad que crea esos incentivos, y de esa manera gestiona nuestro comportamiento colectivo, está trasladándose progresivamente de las personas a las máquinas.

Hoy en día, aparecen cupones de repente en su teléfono inteligente cuando se dirige hacia el centro comercial local.[10] En poco tiempo, cuando se levante habrá recibido mensajes de texto que le ofrecerán una plaza de aparcamiento reservada al lado de su oficina si acepta ir a trabajar quince minutos antes de lo habitual, le regalarán una entrada gratuita para el cine si no riega el césped o le permitirán actualizar su iPhone un año antes si dona medio litro de sangre a su organización para el mantenimiento de la salud antes del viernes.[11]

Nuestras vidas estarán llenas de proposiciones individuales como éstas, gestionadas por intelectos sintéticos cuyos objetivos son optimizar el tráfico, conservar los recursos naturales y administrar la atención sanitaria. Sin embargo, existen otros sistemas con propósitos menos elevados: vender el último donut lo más cerca posible a la hora de cierre, alquilarle un apartamento con vistas a la calle cuando también disponen de vistas al río, hacer que su ruta pase por Salt Lake City cuando reserve vuelos directos para viajeros que pagan más por adquirirlos a última hora.

No obstante, la parte visible de estos sistemas para usted solamente será el pico nevado de la montaña. Entre bastidores, también habrá negociaciones e intercambios frenéticos entre ellos para alcanzar sus metas. ¿Cómo conseguirá el sistema de gestión de recursos del departamento de aguas esos cupones de entradas para la película Fandango? Por medio de la contratación de otro sistema cuyo objetivo sea obtener beneficios para los cines. ¿Cómo llegará a un acuerdo el sistema de existencias de plasma sanguíneo de su organización para el mantenimiento de la salud para obtener esa actualización de iPhone? Gracias al intercambio con otro sistema encargado de prolongar los contratos de los teléfonos móviles.

El problema es que, como sucede con los sistemas automatizados de operaciones con valores que compiten en los mismos foros que los negociantes humanos, usted estará regateando constantemente con sistemas que poseen ventajas apabullantes sobre usted: acceso a información puntual, conocimientos exactos de quién será la siguiente persona que quizás acepte, y la capacidad de predecir su propio comportamiento mejor que usted. Estará jugando contra la casa en una partida en la que el crupier cuenta todas las cartas y sabe

[10] Redlaser.com, por ejemplo.

[11] Para ver un ejemplo actual de dichos incentivos, considere el programa «Clean Air Cash» de servicios de aparcamiento y transporte de la universidad de Stanford: http://transportation.stanford.edu/alt_transportation/CleanAirCash.shtml.

exactamente cómo está ordenada la baraja. Estará rodeado de Amazons en todos los aspectos de su vida, sin ningún humano a la vista.

Es una frontera extraña, sin precedentes en la historia de la humanidad. El nuevo régimen entrará a hurtadillas silenciosamente y pasando desapercibido, como si tuviera las patas de un gato, mientras que usted se asombrará por el modo en el que mundo moderno se hace cada vez más cómodo, eficiente y se adapta más a usted. Pero, entre bambalinas, las enormes inteligencias artificiales estarán recortándole la mínima porción de los beneficios que esté dispuesto a aceptar, reservando al mismo tiempo la mejor parte... ¿para quién exactamente?

CAPÍTULO 7

Estados Unidos, cuna de faraones valerosos

F. Scott Fitzgerald, en su relato breve *The rich boy* de 1926, escribió la célebre frase: «Permítame decirle algo sobre los más ricos. Son diferentes a usted y a mí». En ese momento, parecía que su mundo se estaba fracturando en tres clases: aquellos que podían comprar y hacer lo que querían, los que se veían obligados a vivir gracias a los frutos de su trabajo, y aquellos que deseaban que ellos o sus hijos estuvieran algún día en uno de los otros dos grupos

En épocas anteriores, los signos de las clases solían ser bastante visibles. La vestimenta y joyas que llevaba, su acento, el vagón en el que subía o la cubierta de su camarote se transmitían a todos aquellos a su alrededor, y usted se integraba en una jerarquía de sociedad, medida en gran parte por su riqueza material.

Sin embargo, en el mundo actual de presidentes ejecutivos que llevan pantalones vaqueros, nuevos millonarios de veintitantos años, con avión privado y equipaje de mano, identificar a las personas más afortunadas, es una tarea más compleja. Para aquellos que están en lo más alto, la revista Forbes publica una clasificación anual, que simultáneamente supone una causa de orgullo y vergüenza para muchos de los que aparecen en la lista. No obstante, para una serie extraordinaria de personas extremadamente ricas, el hecho de mantener oculta su riqueza es una especie de obsesión.

Una cosa es afirmar su estatus entre sus iguales en el club Pebble Beach o un complejo turístico de Four Seasons en Hawái, pero llamar la atención en el cine local o en la ceremonia de entrega de premios de la liga de fútbol de su hijo es otra historia. A la gente no le gusta eso. Y a ellos no les gusta usted. Así que tienen cuidado al adaptarse. No mencionan el Porsche Speedster que su marido les ha regalado por su vigésimo aniversario, la casa de vacaciones que acaban de comprar por capricho en Carmel, ni lo que su entrenador personal les ha dicho cuando ha venido esta mañana para realizar su entrenamiento diario. Es mejor ser discreto.

Yo voy a ser indiscreto; no para presumir sino para puntualizar algo importante. Algunos de los lectores de este libro asentirán con la cabeza: «Sí, yo también vivo así». Un grupo más amplio posiblemente se sienta desanimado o consternado. Algunos simplemente considerarán que lo que digo es tan ajeno a su propia experiencia que quizás duden de mi veracidad. Mi única petición es que esté atento al remate.

Mi esposa y yo vivimos en un lugar agradable. Nuestra casa está situada en un terreno llano de unas cuarenta áreas, adornado con robles, secoyas y sicomoros majestuosos, a corta distancia de cines, parques, restaurantes magníficos y prácticamente cualquier comodidad y servicio imaginable. Justo antes de anochecer, normalmente llegan cientos de cuervos en tropel a nuestro enorme sicomoro para mantener una charla estridente antes de irse a dormir durante la noche; sin duda hablan de sus comportamientos homicidas. Las parejas de palomas de luto se posan estoicamente en los cables aéreos para vigilar a sus crías, de vez en cuando bajo la atenta mirada de un majestuoso gavilán colirrojo californiano. ¿Se aburre? Puede sentarse en las elegantes sillas Adirondack que hay alrededor del fogón, jugar al ajedrez en un tablero de tamaño real al aire libre, holgazanear en la piscina del cenador, tomar un baño en el jacuzzi, cocinar en la barbacoa exterior, relajarse en el columpio del porche, jugar al croquet en el césped, o pasear por los cuidados jardines que están llenos de rosas multicolores durante la mayor parte del año. ¿Le gusta escuchar música al aire libre? Hay dos sistemas de sonido individuales de alta calidad escondidos en diferentes zonas.

Nuestra casa fue construida en 1904 por un arquitecto célebre de estilo georgiano. El primer piso tiene los techos a tres metros de altura, un salón de doce por ocho metros, una sala de billar, una sala de cine con un sistema de proyección decorada como si fuera un burdel vienés, una cocina con cuatro zonas diferentes para sentarse, dos frigoríficos, dos microondas, dos fregaderos y tres lavavajillas, lo cual resulta muy útil para las fiestas. Pero la joya real es el comedor. Lo compró en Europa un inquilino anterior, que lo había desmontado y reconstruido en el lugar. Ostenta unos paneles oscuros de madera, un diseño floral único de estilo jacobino en el techo de escayola y un cortafuego original de hierro fundido de 1606. Tiene capacidad para que cenen cuarenta y cuatro personas holgadamente. El segundo piso consta de cinco suites independientes, una para cada uno de nuestros cuatro hijos y otra más grande para nosotros, que incluye un segundo sistema de proyección de cine. En el tercer piso está mi oficina, una sala de entrenamiento y una suite para invitados con dos habitaciones y un baño con una bañera independiente original con patas de garra. Casi se me olvida mencionar la bodega y el ascensor.

Podemos dar una fiesta para unas 150 personas en casa sin derramar ni una gota de sudor. No obstante, para los grupos más grandes tenemos que usar la casa de invitados. Esta construcción de dos pisos, similar a una casa rural de Nueva Inglaterra, tiene dos baños, tres habitaciones, tres frigoríficos, dos cocinas y una planta abierta en la parte inferior que puede alojar a unos 200 invitados.

Sinceramente, me siento muy agradecido por mi vida y en concreto por mi mujer. Estoy agradecido por mi familia, mis amigos y la libertad de hacer básicamente lo que quiera en los años que me queden de vida, como tocar el piano y escribir este libro. Le puedo asegurar que no siempre ha sido así. He vivido en pisos del sur de Chicago, me han golpeado y robado a punta de navaja, he cogido el metro desde mi trabajo en un almacén de Brooklyn hasta un estudio de alquiler infestado de cucarachas y a temperaturas bajo cero.

Ha tenido mucha paciencia, así que aquí está el remate: según las estadísticas más recientes basadas en los ingresos, nosotros ni siquiera estamos en el fabuloso uno por ciento superior de los estadounidenses. Esto quiere decir que más de una persona entre cien gana anualmente más que nosotros, y supongo que viven por todo lo alto.[1]

Y conozco muchas personas que hacen que nosotros parezcamos pobres. Uno de nuestros amigos posee siete propiedades residenciales, incluida una hacienda, casas en Big Sur, Sun Valley y Puerto Vallarta, y una propiedad excelente de más de veinte hectáreas a la orilla del Pacífico, a un corto trayecto de su residencia palaciega principal en Silicon Valley. Otros vecinos tienen establos con caballos, senderos para salir a correr y colecciones de coches antiguos. Cerca de donde vivimos hay una casa con más de doscientos setenta y cinco metros cuadrados, situada en un terreno de casi tres hectáreas, con piscinas exteriores e interiores y una capilla con un órgano de tubos de tamaño real. Paul Simon actuó como entretenimiento en la fiesta de cumpleaños privada de un amigo. Algunos no tienen un jet privado sino dos, por si un miembro de la familia quiere pasar el fin de semana en Aspen y otro prefiere Palm Springs. Otro compró un hotel de diez plantas y varios edificios céntricos circundantes para crear su propia escuela privada de iniciativa empresarial como pasatiempo. Hay personas que organizan recaudaciones de fondos para políticos suplicantes, incluyendo presidentes actuales y antiguos.

En cambio, yo hago mi propia colada todos los fines de semana. Mi mujer lava los platos y lleva y recoge a los niños del colegio todos los días. Yo conduzco un vehículo que tiene quince años porque es un cacharro que no se va a averiar nunca (no compre un Lexus; están muy bien fabricados y duran demasiado). A mi esposa no le interesan demasiado las joyas caras, así que es feliz con los pendientes de Claire's, una tienda que vende baratijas brillantes para adolescentes.

[1] El 1 por ciento superior ganó 394.000 $ o más en 2012. «Richest 1% Earn Biggest Share Since Roaring '20s», CNBC, 11 de septiembre de 2013, http://www.cnbc.com/id/101025377. Estamos un poco mejor en el departamento de patrimonio. Parece que estamos clasificados aproximadamente entre el 1 y el 2 por ciento superior, en gran medida debido a la vivienda.

Sin embargo, hasta nuestros amigos y vecinos más ricos no se encuentran entre los más ricos del país; la mayoría ni se acerca a la clasificación de la lista de Forbes. Ese honor está reservado a las personas con varios miles de millones de dólares.

Jeff Bezos está en la lista, con una fortuna personal estimada por Forbes de 32 mil millones de dólares (en marzo de 2011). ¿Qué significa esa cifra? Supongamos un 11 por ciento de los beneficios anuales, que es la media de beneficios por acciones de los últimos cincuenta años. Es decir, 3,5 mil millones de dólares en revalorización, o 9,6 millones al día, incluidos los fines de semana. En comparación, los ingresos medios de toda la vida de un graduado universitario en Estados Unidos son 2,3 millones de dólares, y una persona media con el título de educación secundaria gana unos 1,3 millones.[2] Jeff consigue más un sábado en un campo de golf que lo que el resto de graduados universitarios de su cuarteto ganará en sus vidas conjuntamente.

La siguiente es una comparación más inquietante. En las profundidades de la reciente recesión (2009), el presupuesto del estado de California tuvo un déficit de 26,3 mil millones de dólares, cantidad mucho menor que el patrimonio neto de Jeff Bezo.[3] Los esfuerzos por salvar esta diferencia los años siguientes incluyeron recortes salariales y permisos involuntarios para los trabajadores estatales de tres días al mes, aproximadamente un 10 por ciento de reducción de la financiación de educación preescolar, primaria, secundaria y colegios universitarios, reducción del curso académico, excarcelaciones y libertad condicional anticipadas, y reducciones en el programa médico. Estos recortes afectaron desproporcionadamente a mayores, discapacitados, niños, programas preescolares, asistencia alimentaria de emergencia, mujeres embarazadas y mujeres inscritas en el programa de tratamiento del cáncer de mama y del cuello del útero de California (BCCTP, por sus siglas en inglés), por nombrar sólo algunos.[4]

No estoy insinuando en absoluto que Jeff no se gane o merezca su riqueza. Definitivamente, de ningún modo es el responsable de los problemas de presupuesto y fallos del gobierno de California. Al contrario, en su tiempo libre ayuda en varios proyectos y programas que atienden los intereses públicos. Por ejemplo, donó 15 millones de dólares para investigación cerebral a la uni-

[2] Brian Burnsed, «How Higher Education Affects Lifetime Salary», U.S. News & World Report, 5 de agosto de 2011, http://www.usnews.com/education/best-colleges/articles/2011/08/05/how-higher-education-affects-lifetime-salary. Vea también Anthony P. Carnevale, Stephen J. Rose t Ban Cheah, «The College Payoff: Education, Occupations, Lifetime Earnings», Centro de Educación y Fuerza Laboral de la universidad de Georgetown, 2011, https://georgetown.app.box.com/s/ctg48m85ftqm7q1vex8y.

[3] Matthew Yi, «State's Budget Gap Deepens $2 billion Overnight», SFGate, 2 de julio de 2009, http://www.sfgate.com/politics/article/State-s-budget-gap-deepens-2-billion-overnight-3293645.php.

[4] Por ejemplo, vea «Family Health, May 2011: Local Assistance Estimate for Fiscal Years 2010–11 and 2011–12; Management Summary», Ministerio de Servicios de Asistencia Sanitaria, departamento de Previsión Fiscal y Gestión de Datos, última modificación el 10 de mayo de 2011, http://www.dhcs.ca.gov/dataandstats/reports/Documents/Fam_Health_Est/ M11_Mgmt_Summ_Tab.pdf.

versidad de Princeton y 20 millones al centro de investigación del cáncer de Hutchinson.[5]

Sin embargo, como sucede con la potencia informática cada vez más grande, en algún momento las diferencias cuantitativas se convierten en cualitativas. Hoy en día, controlar más de varias decenas de millones de dólares no afecta a su estilo de vida o su capacidad de echar una mano a sus amigos y familiares si no hay más remedio. Le da poder. El poder de influir en las elecciones, influenciar a los políticos y la legislación, tener repercusión en la agenda pública, pero sobre todo el poder de desviar los recursos de la sociedad hacia temas de interés personal para usted.

Por ejemplo, Jeff Bezos fundó Blue Origin, empresa que trabaja en la reducción del coste de los vuelos espaciales para que particulares (en lugar de gobiernos) puedan explorar el sistema solar. Es meritorio, y desde luego tiene derecho a hacerlo, pero ¿quizás sería mejor que los recursos dedicados a este intento noble fueran aplicados en otra parte? ¿O que tal vez fueran dirigidos por los deseos de más de una única persona? Steven A. Edwards, analista de políticas en la Asociación Estadounidense para el Avance de la Ciencia, señaló: «Para bien o para mal, la práctica de la ciencia del siglo XXI cada vez está menos determinada por las prioridades nacionales o los grupos de revisión por pares y más por las preferencias concretas de individuos con grandes cantidades de dinero».[6]

Los turistas que visitaron Seattle en el año 2000 pudieron disfrutar de la visita al Salón de la Fama de la Ciencia Ficción, inspirado originalmente y dedicado a Jimi Hendrix, pero es posible que se preguntaran por qué había organizado la ciudad un homenaje de 80 millones de dólares a este artista pop en concreto, en lugar de a sus coetáneos fallecidos e igualmente talentosos (como Janis Joplin o Jim Morrison), ni tampoco a grandes compositores estadounidenses (como Aaron Copland o George Gershwin).[7] Tuve la oportunidad de improvisar a la guitarra con Paul Allen, cofundador de Microsoft; no supone un misterio para mí. Le encanta e imita el estilo de interpretación de Jimi Hendrix (y debo añadir que es muy bueno), y por eso mismo financió personalmente este proyecto cívico concreto.

La lista de personas ricas que han adquirido o ayudado a equipos deportivos, o incluso deportes enteros, es interminable. Por ejemplo, Larry Ellison, presidente ejecutivo de Oracle, invirtió 300 millones de dólares en la regata de

[5] Kristina Strain, «Is Jeff Bezos Turning a Corner with His Giving?» Inside Philanthropy, 9 de abril de 2014, http://www.insidephilanthropy.com/tech-philanthropy/2014/4/9/is-jeff-bezos-turning-a-corner-with-his-giving.html.

[6] William J. Broad, «Billionaires with Big Ideas Are Privatizing American Science», New York Times, 15 de marzo de 2014, sección de ciencias, http://www.nytimes.com/2014/03/16/ science/billionaires-with-big-ideas-are-privatizing-american-science.html.

[7] Walt Crowley, «Experience Music Project (EMP) Opens at Seattle Center on June 23, 2000», Historylink.org, 15 de marzo de 2003, http://www.historylink.org/index.cfm?Dis playPage=output.cfm&file_id=5424.

yates de la Copa América. Thom Weisel, fundador de Montgomery Securities, organizó personalmente un rescate financiero para USA Cycling, consejo de administración de las carreras de ciclismo en Estados Unidos, en 2000.

Existe una creencia extendida de que para que la economía progrese necesitamos una clase media sólida y próspera. El razonamiento es que debe haber una demanda sólida de bienes de consumo, ¿y quién los compraría si no es la clase media? Desafortunadamente, esto es totalmente erróneo.

Durante la mayor parte de su existencia, el antiguo Egipto estuvo gobernado por una única monarquía absoluta. El faraón, considerado literalmente el hijo de Ra (dios del sol), poseía personalmente todos los recursos del reino. Una gran burocracia de administradores y clero supervisaban la distribución de las tierras y la recaudación de impuestos en representación del faraón. En muchos períodos cruciales, después de cubrir las necesidades físicas mínimas de alimentación y vivienda de la sociedad, la mayor parte del exceso de riqueza de Egipto se dedicaba a la construcción de una única obra monolítica: una pirámide que serviría de tumba para el faraón. Estas magníficas estructuras, cubiertas de caliza blanca muy pulida, posiblemente brillaban tanto con el sol de mediodía que uno se veía obligado a apartar la mirada. Hay dudas sobre el volumen de mano de obra necesaria para construir una de las mayores pirámides, pero las estimaciones de los científicos más modernos lo cifran en unos veinticinco mil obreros que trabajaron durante un período ininterrumpido de dos o más décadas.[8]

Quizás piense que este tipo de comportamiento despilfarrador al servicio de una sola persona podría provocar que un imperio colapsara bajo la amenaza de una revolución violenta. Sin embargo, el antiguo Egipto tuvo un sistema político y económico estable relativamente durante miles de años, algo en lo que casi no tienen esperanzas los organismos políticos de hoy en día. Una idea equivocada común es que dichos trabajadores eran esclavos. Al contrario, existen pruebas más que suficientes de que eran voluntarios, o al menos ciudadanos que satisfacían las necesidades del servicio público de carácter obligatorio. A diferencia de la mayoría de los habitantes, normalmente cenaban carne.

Durante la mayor parte del período de tiempo pertinente, la población del antiguo Egipto fue de 1,5 millones aproximadamente. La mano de obra comparable en proporción en Estados Unidos en la actualidad a la que construyó las pirámides contaría con unos 5 millones de trabajadores. Para ponerlo en perspectiva, Estados Unidos tiene alrededor de 1,5 millones de militares en servicio, por detrás de China únicamente. En su punto máximo en 1967, el programa espacial estadounidense de la NASA empleó a treinta y seis mil per-

[8] Jimmy Dunn, «The Labors of Pyramid Building», Tour Egypt, 14 de noviembre de 2011, http://www.touregypt.net/featurestories/pyramidworkforce.htm. Vea también JoyceTyldesley, «The Private Lives of the Pyramid-builders», BBC:History, 17 de febrero de 2011, http://www.bbc.co.uk/history/ancient/egyptians/pyramid_builders_01.shtml#two.

sonas.[9] Walmart es el mayor empleador privado en Estados Unidos, con 1,3 millones de trabajadores nacionales.

Es complicado imaginar 5 millones de personas trabajando en el proyecto favorito de alguna persona influyente del mundo de Internet, sobre todo porque el coste sería de decenas o cientos de miles de millones de dólares al año. No obstante, este número multiplicado por diez podría trabajar para el uno por ciento más rico de las familias estadounidenses de manera continuada. Y esto ocurre cada vez más.

El uno por ciento de familias en cabeza acumula algo más de un tercio del total de la riqueza de Estados Unidos. Esto apunta a unos 20 billones de dólares. Si suponemos una tasa de rendimiento anual del 10 por ciento, podrían permitirse gastar 2 billones de dólares al año, todos los años, en lo que quisieran. Al salario medio de un trabajador de 30.000 $ en Estados Unidos, emplearían a más de 60 millones de personas, o el 40 por ciento de la mano de obra total. A un salario medio de 20.000 $, que es lo que gana actualmente casi el 40 por ciento de la mano de obra, el 1 por ciento de personas más ricas podría emplear a dos de cada tres trabajadores en Estados Unidos.[10] Como es de suponer, el resto sería necesario para proporcionar las necesidades básicas a aquellos afortunados que consiguieran un puesto en el que trabajaran para los ricos.

¿Cómo podría ser esto? Como sucede con la mayoría de panoramas sombríos, no es algo realista. Dos de cada tres personas no se desplazarían para trabajar en hogares privados masajeando los pies de los ricos. Pero la realidad no está tan lejos de este supuesto como cabría esperar.

El primer motivo por el que no sucede es porque los millonarios no gastan todo lo que podrían ni por asomo. Este dinero, cuyos rendimientos se acumulan para tiempos difíciles personales, fondos fiduciarios y fondos de pensiones, se reinvierte y recibe otros usos. Como se suele decir, los ricos cada vez son más ricos.

El segundo motivo es que usted no puede apreciar la mayor parte del trabajo dedicado a los caprichos de los ricos porque está incorporado en bienes y servicios. Si mi esposa compra un bolso de Gucci por 1.000 $, ese dinero va en dos direcciones. Los accionistas de Gucci obtienen unos 300 $, y los 700 $ restantes se destinan principalmente a pagar a las personas por fabricarlo, ya sea directamente (es decir, como empleados de Gucci) o indirectamente a los empleados de sus proveedores.[11] Traspasando este baile de velos corporativos, el

[9] Jane Van Nimmen, Leonard C. Bruno y Robert L. Rosholt, NASA Historical Data Book, 1958–1968, vol. 1, NASA Resources, Series históricas de la NASA, NASA SP-4012, acceso 27 de noviembre de 2014, http://history.nasa.gov/SP-4012v1.pdf.

[10] Bryce Covert, «Forty Percent of Workers Made Less Than $20,000 Last Year», Think Progress, 5 de noviembre de 2013, http://thinkprogress.org/economy/2013/11/05/2890 091/wage-income-data/#.

[11] Andrew Robert, «Gucci Using Python as Rich Drive Profit Margin Above 30%: Retail», Bloomberg News, 20 de febrero de 2012, http://www.bloomberg.com/news/2012-02-20/gucci-using-python-as-rich-

total de mano de obra que realiza el bolso, a todos los efectos prácticos, trabaja para mi mujer y otras personas como ella. ¿Cuánto costaría un bolso similar si se fabricara lo más barato posible? No es una pregunta fácil de responder porque una imitación prácticamente imperceptible cuesta alrededor de 30 $ (incluido el margen de beneficio). Naturalmente, puede conseguir un bolso igual de práctico todavía más barato en Sears. Por lo tanto, grosso modo, unos 650 $ de esa compra no están destinados a la utilidad práctica de poder llevar artículos personales con usted, sino al mantenimiento de un estatus social y al sentimiento personal de autoestima que se genera con la exhibición de un gasto innecesario.

Una forma de ver cómo remodelan los millonarios nuestra economía es observar el crecimiento de las ventas de los denominados bienes de lujo. Aunque la desaceleración económica sin duda alguna tuvo sus consecuencias, el consenso general entre los analistas del sector es que la demanda de los consumidores de marcas de lujo es una prueba de la recesión.[12] Según un informe del grupo Carlyle, las ventas mundiales de ropa, accesorios y bienes de lujo han experimentado un crecimiento anual de dos dígitos cada año desde 2009, y se espera que sea cuatro veces el crecimiento previsto del PIB europeo para los próximos tres años. Bain & Company afirma que el mayor crecimiento del segmento de lujo en 2013 tuvo lugar en América, y superó a China, el líder anterior.[13]

Cuando la tasa de crecimiento de los bienes de lujo sobrepasa sistemáticamente la de todas las ventas al por menor, en poco tiempo supone una gran proporción del gasto total. Según Mark Zandi, economista principal de Moody's Analytics, el 5 por ciento superior de fuentes de ingresos representa alrededor de un tercio de todos los gastos, y el 20 por ciento superior, cerca del 60 por ciento de los gastos.[14] Es bastante verosímil que en la próxima década el 5 por ciento más rico genere más de la mitad de los gastos en bienes al por menor de Estados Unidos. Sería una economía floreciente que no estaría im-

drive-profit-margin.html. Obviamente, los proveedores están sacando beneficios, pero probablemente no sean tan elevados como los de Gucci, por lo que una parte adicional va a otros accionistas, en vez de a los trabajadores.

[12] «Recession Fails to Dent Consumer Lust for Luxury Brands», PR Newswire, 19 de marzo de 2012, http://www.prnewswire.com/news-releases/recession-fails-to-dent-consumer-lust-for-luxury-brands-143264806.html; vea también Sanjana Chauhan, «Why Some Luxury Brands Thrived in the U.S. Despite the Recession», Luxury Society, 7 de febrero de 2013, http://luxurysociety.com/articles/2013/02/why-some-luxury-brands-thrived-in-the-us-despite-the-recession.

[13] Jason M. Thomas, «Champagne Wishes and Caviar Dreams," Economic Outlook, 29 de marzo de 2013, http://www.carlyle.com/sites/default/files/Economic%20Outlook_Geography%20of%20Final%20Sales_March%202013_FINAL.pdf; «Americas Surpasses China as Luxury Goods Growth Leader Propelled by Chinese Tourism and New Store Openings, Finds Bain & Company's 2013 Luxury Goods Worldwide Market Study», Bain & Company, 28 de octubre de 2013, http://www.bain.com/about/press/press-releases/americas-surpasses-china-as-luxury-goods-growth-leader.aspx.

[14] Stephanie Clifford, «Even Marked Up, Luxury Goods Fly off Shelves», Business Day, New York Times, 3 de agosto de 2011, http://www.nytimes.com/2011/08/04/business/ sales-of-luxury-goods-are-recovering-strongly.html?_r=0.

pulsada por la mítica clase media, sino por un marco cada vez más reducido de la élite.

Resulta incómodo darse cuenta de que solamente Jeff Bezos habría sido capaz de liquidar de un plumazo el déficit anual de California en 2009 y todavía le habrían quedado varios miles de millones de dólares para disfrutar. No puedo hablar por Jeff, pero si yo estuviera en esa situación dormiría un poco menos plácidamente por la noche. ¿Cuántas vidas podría salvar? ¿Cuánto sufrimiento podría aliviar? ¿Cuántos sueños cumplir?

Los supermillonarios soportan una carga, conscientemente o no, que el resto de nosotros no tenemos. Muchos se dan cuenta de que las actividades caritativas son una obligación moral que no pueden o deben ignorar, independientemente de lo que prefieran hacer personalmente con su tiempo y su dinero. Un ejemplo que se me ocurre es el de Bill Gates. Hasta a mí me produce reparo cuando colaboro en las recogidas de fondos de la escuela privada de mi hijo, en lugar de en los albergues locales para personas sin hogar. Todos nos enfrentamos a elecciones, y la desgravación fiscal no señala la honradez.

Otro pesar exclusivo de los ricos es el deterioro del significado de sus vidas. Cuando se dispone de todo libremente, nada tiene valor. Cuando no tiene que esforzarse para conseguir algo que desea, cuando puede comprar su escapatoria de situaciones incómodas y no está obligado a comprometerse con los demás, pierde los límites psicológicos que dan forma a su vida. Algo que he notado cuando mis amigos llegan a lo más alto es que su crecimiento emocional tiende a detenerse. Su nivel de madurez personal se congela en el tiempo, como un insecto en ámbar, a la vista de todos. Conociendo este riesgo, uno de mis amigos más exitosos y reputados, socio estrella de una sociedad destacada de capital riesgo, separa sus gastos básicos diarios de su enorme riqueza, a la que hace caso omiso deliberadamente dejando que la gestionen otras personas. Prefiere tener un estilo de vida relativamente modesto, aunque acomodado.[15]

Pero ya he hablado bastante sobre los ricos. Veamos la otra cara de la moneda: la infinidad de personas con talento que trabajan duro y, aun así, se esfuerzan durante toda su vida por conseguir cosas simples que la élite subestima. Resulta sencillo publicar estadísticas y gráficos que solamente muestren lo difícil que es la vida para los trabajadores pobres, por no hablar de los desempleados pobres. Sin embargo, de alguna forma estas herramientas no captan la gravedad real de sus circunstancias. Así que, en lugar de eso, he seleccionado a una sola persona –típica en muchos aspectos– para trazar su perfil, con la esperanza de que su historia exprese estas dificultades de manera más gráfica.

[15] Este amigo es Randy Komisar de Kleiner, Perkins Caufield and Byers. Un budista practicante, que tiene la inexplicable capacidad de levantar el ánimo de todas las personas que entran en contacto con él. La gente sale de las reuniones con él sintiéndose renovada e inspirada. Randy posee la habilidad destacada de hacerle sentir inteligente, aunque esté señalando que usted es un completo idiota. ¿Su secreto? Escuchar atentamente y responder con respeto.

Emmie Nastor es el empleado perfecto. Le conozco porque le contraté. En 2009, yo dirigía una pequeña empresa de juegos de Internet, llamada Winster.com. Cuando llegamos a ser unos diez empleados, tuvimos claro que necesitábamos un recepcionista. El puesto de trabajo requería habilidades informáticas y sociales, un comportamiento agradable y buena disposición para realizar una amplia gama de tareas asignadas aleatoriamente. Así que le pedí a mi gerente de personal, que ya tenía demasiado trabajo, que publicara el puesto en Craiglist.

Unos días más tarde, le pregunté cómo iba la búsqueda. «Terrible. He recibido más de 250 currículos. Tendré que dedicar la mayor parte del día solamente a revisarlos. Y todavía siguen llegando». Fue una gran sorpresa porque, incluso durante la recesión, tuve que atraer a los ingenieros de software a las entrevistas con promesas de salarios cuantiosos y paquetes generosos de opciones de compra de acciones. Le di instrucciones de revisar los primeros cien más o menos, seleccionar una docena para tratarlos conmigo e ignorar el resto.

Cuando examiné los currículos, me horroricé. La mayoría de los aspirantes estaba extremadamente sobrecualificada para este puesto de trabajo de nivel principiante, para el que ofrecía un salario inicial de 29.000 $ anuales. Había personas con másteres en administración de empresas de universidades locales, amas de casa que intentaban volver al trabajo con años de experiencia obsoleta en su haber, y personas con amplias capacidades en alguna especialidad irrelevante; todos claramente desesperados por obtener cualquier puesto remunerado. Algunos de ellos se ofrecían para trabajar gratis durante un tiempo con el objetivo de demostrar sus habilidades; otros simplemente prometían que aceptarían impasiblemente que se redujeran sus condiciones indefinidamente si les dábamos una oportunidad.

Aunque era triste, sabía que no tenía sentido contratar a alguien que estuviera descontento con el trabajo y merodeara constantemente en busca de una oportunidad mejor. Así que elegí dos o tres candidatos con los méritos adecuados para ser entrevistados.

Fue una elección difícil, pero las buenas aptitudes de Emmie con Microsoft Office y sus respuestas razonadas y directas a mis preguntas hicieron que consiguiera el puesto.

Lo que no sabía en ese momento era el camino que había atravesado hasta llegar hasta mi puerta. Emmie nació y creció en California y era hijo de una pareja trabajadora de inmigrantes. Sus padres emigraron a Estados Unidos, después de que su padre se alistara en la Fuerza Aérea de Estados Unidos y trabajara como mecánico de vuelta a Filipinas. Con el tiempo, consiguió un trabajo en una empresa importante de telecomunicaciones como instalador de líneas telefónicas en los hogares. Emmie creció en Daly City, un barrio periférico de gente trabajadora al sur de San Francisco, junto con su hermana mayor y su hermano pequeño. Se graduó en Westmoor High en 1994.

Sus padres eran creyentes acérrimos del sueño americano y creían firmemente que una educación universitaria era el billete de entrada a una vida mejor. La manera más práctica de que Emmie consiguiera este objetivo era inscribirle en un colegio universitario local. Después de cuatro años asistiendo a clase, al mismo tiempo que trabajaba a tiempo parcial, Emmie pudo trasladarse a la universidad estatal de San Francisco. Otros cuatro años después, a la edad madura de veintiocho años, logró la aspiración que tenían sus padres para él: obtener un título universitario (desgraciadamente, su madre no vivió para verlo; murió de cáncer de colon en 2007, después de mucho tiempo enferma).

Provisto de su nuevo título, salió a buscar un trabajo a tiempo completo. Con su diligencia característica, pasaba como mínimo ocho horas al día explorando Internet en busca de oportunidades, elaborando cartas de presentación y enviando currículos, normalmente entre veinte y treinta diarios. Lo hizo durante tres meses seguidos sin parar. Entre cinco y siete días a la semana, de veinte a treinta currículos al día durante tres meses da un resultado de más de ochocientas solicitudes de empleo, y sólo consiguió una única entrevista.

En la actualidad, hay personas que se desaniman un poco y dejan de buscar trabajo. Pero Emmie, no. Además de las motivaciones habituales, lo que hacía que persistiera era el acuerdo con su amor de la infancia de que no se casarían hasta que pudiera traer a casa un sueldo regular. Así que el fracaso no era una opción.

Después, de repente logró un descanso. En realidad, dos descansos al mismo tiempo. Nosotros le llamamos para entrevistarle para el puesto de recepcionista, y Enterprise Rent-a-Car se puso en contacto con él para un puesto de gestor becario de ventas.

Quiso la suerte que un amigo suyo que ya estaba trabajando para Enterprise le proporcionara información sobre el puesto. El nombre sonaba bien, pero el trabajo requería que dedicara diez horas o más al día por el mismo salario básicamente que Winster le ofrecía por ocho. Y lo que era aún peor: no tenía control de sus horarios. La empresa podía necesitar que trabaja horas aleatorias, por el día o la noche, siete días a la semana, totalmente a su disposición. Cumpliría los requisitos para ascender después de llegar a cierto nivel de ventas, pero no tenía nada asegurado. Así que aceptó la oferta de Winster.

Emmie no faltaba ningún día al trabajo voluntariamente. Digo esto porque a veces aparecía estornudando y tosiendo, y nosotros le mandábamos a casa por el bien de todas las personas de la oficina. El reloj de la oficina podía ajustarse por su llegada puntual a las 9:00, y si faltaba algo por hacer al final del día se quedaba hasta que lo terminaba. Ninguna tarea era indigna para él. Limpiaba después de las comidas semanales de empresa, corría a Staples para conseguir un cable raro, elegía la tarjeta para desear a un empleado enfermo que se mejorara; Emmie era capaz de todo. Nunca llegué a convencerle de que no era necesario que pidiera permiso para ir a comer.

En un momento dado, me sorprendí mucho al enterarme de que su automóvil estaba en el taller por tiempo indefinido. Tenía una avería en la correa de distribución, y no podía permitirse pagar 500 $ por la reparación hasta que recibiera su sueldo. ¿Cómo llegaba al trabajo? Como era el sostén principal de la familia en ese momento, decidieron que su hermano pequeño no asistiera a la escuela para que Emmie pudiera utilizar su coche.

A mediados de 2012, vendimos Winster a otra empresa de juegos, y el puesto de Emmie se eliminó (al igual que el mío). Por tanto, tuvo que volver a buscar trabajo. Le escribí una recomendación excelente, por supuesto, pero no dio resultado; nadie tuvo interés ni siquiera en pedírsela. En esa ocasión, las cosas resultaron un poco más fáciles. Dedicó solamente dos meses al envío de currículos antes de recibir una señal de interés, por parte de la misma empresa de telecomunicaciones para la que su padre había trabajado, para trabajar como instalador en edificios. Fundamentalmente, era una versión actualizada del empleo de su padre, que realizaba instalaciones en las casas, pero en este caso eran servicios de cable e Internet, además de telefónicos.

Poco después de presentar su solicitud, se enteró de que había más de cien aspirantes para el mismo puesto. Para que le tuvieran en cuenta, debía pasar primero un test de competencia de dos horas. No trataba los temas habituales de matemáticas o inglés del instituto, sino los conocimientos de los candidatos sobre las normas de cableado y las prácticas de instalación. En otras palabras, no tenía ninguna posibilidad de conseguir el puesto si no poseía ya unas capacidades concretas requeridas o la diligencia para aprender el tema por sus propios medios (la empresa no proporcionaba ningún material de formación por adelantado). La gran ventaja de Emmie era que su padre podía darle clases sobre la materia.

No obstante, no era el final del proceso. A continuación, se volvía a llamar a cincuenta personas o más para entrevistarlas personalmente. Cuando llegó el turno de Emmie, dos personas le preguntaron durante unos diez minutos cada una. Debió de pasar el corte porque después le mandaron presentarse en un centro médico para la realización de un examen físico y las pruebas de detección de drogas. Finalmente, la empresa le ofreció el puesto, con un salario anual inicial superior en 6.500 $ al que tenía en Winster. Se moría de ganas por aceptarlo.

El empleo no resultó ser lo que él esperaba. Las condiciones eran un reflejo de las de los trabajadores de las fábricas del siglo XIX; evidentemente muchas de las exhaustivas garantías y reformas legislativas implementadas para proteger a los trabajadores no eran eficaces. En ocasiones, debía trabajar seis días consecutivos a la semana, y frecuentemente doce o catorce horas al día. Si se negaba a trabajar esas horas, se consideraba insubordinación, que es la jerga legal utilizada para decir que existe una justificación para el despido. A ninguna de las personas de su grupo se le permitía irse a casa si había clientes esperando todavía su instalación prometida o tenían cita para una reparación, sin importar lo tarde que fuera. A veces, no terminaba de trabajar hasta casi medianoche.

No solía llegar a casa antes de que su mujer se hubiera ido a dormir. La mayoría de los días tenía alrededor de una hora libre, por lo que solamente veía a su familia unos minutos una vez a la semana. Sus últimas vacaciones habían tenido lugar poco después de empezar a trabajar en Winster, ya que se tomó unos días libres para casarse e irse de luna de miel a Hawái. Cinco años sin descanso.

Emmie investigó los puestos de trabajo de la empresa que podían ofrecerle la posibilidad de aprender o conseguir algún tipo de carrera profesional. Pero era un círculo vicioso: no le permitían que solicitara un traslado interno sin la aprobación de su supervisor, y ninguno de ellos –tuvo cinco distintos durante su permanencia de dieciocho meses– estaba dispuesto ni siquiera a darle la oportunidad. Era demasiado valioso donde se encontraba.

¿Alguna vez se ha preguntado qué sucede con esas aburridas encuestas de satisfacción del cliente con las que le dan la lata para que rellene? Si un cliente no está contento con el servicio, se llama al instalador para que vaya a la oficina y recibe una reprimenda. A no ser que exista una excusa razonable, normalmente se sanciona al empleado con una suspensión sin sueldo.

Después de un año y medio de trabajo agotador, arrastrándose por debajo de las casas y trepando por los tejados, la espalda de Emmie se fracturó. Ocurrió un día laborable temprano cuando llevaba un equipo pesado a la casa de un cliente. De acuerdo con lo que él pensaba que era el procedimiento correcto, llamó a su supervisor. No obtuvo respuesta, así que le dejó un mensaje. Con muchísimo dolor, regresó al almacén de envíos, no sin antes terminar la instalación por el miedo a una reprimenda. Sin embargo, la recibió de todos modos por no haberse esforzado más en conseguir hablar con un supervisor inmediatamente después de un accidente laboral. Fue suspendido tres días sin sueldo.

Durante su rehabilitación de ciática y dolor lumbar, la empresa limitó su trabajo a «tareas ligeras», que básicamente consistían en sentarse en la oficina y llamar a los clientes para confirmar sus citas del día siguiente. Por lo visto, sus empleadores esperaban que no le gustara y lo dejara, pero ellos no conocían a Emmie. Siguió adelante con su comportamiento optimista característico. Pero el descanso temporal le dio tiempo para reflexionar sobre cómo sería la vida de su hijo recién nacido si creía en un hogar en el que su padre nunca estaba en casa. Así que aprovechó la oportunidad para ver de qué posibilidades dispondría con horarios más decentes.

Después de enviar un aluvión de currículos una vez más, finalmente recibió respuesta... de Enterprise Rent-a-Car, antes de que abandonara la búsqueda desesperado.

A pesar de las pésimas condiciones laborales, la falta de respeto y la escasez de posibilidades de ascenso, Emmie continúa agradecido por el puesto de trabajo y el sueldo. Acepta con serenidad la promesa incumplida de que su esfuerzo durante ocho años para obtener un título universitario le proporcionaría el camino hacia una vida mejor que la de su padre.

¿Qué le ocurrió a su padre? Tras jubilarse hace unos años, decidió que no le gustaba la jubilación, así que consiguió un trabajo con su antiguo empleador como instalador en edificios, por la mitad de su sueldo anterior. Y lo que todavía era peor: el puesto era en Sacramento. Después de sufrir los viajes al trabajo de varias horas durante un año aproximadamente, tomó la decisión de levantar el campamento, mudarse y dejar su casa de Daly City a Emmie y sus hijos.

Emmie está contento por su padre. También se siente afortunado por heredar una participación parcial de la casa que su padre compró hace décadas con los ahorros que había acumulado trabajando fundamentalmente en el mismo puesto que Emmie tenía ahora. Sin ello, habría sido imposible que pudiera esperar a ahorrar lo suficiente como para realizar el pago inicial de una propiedad similar, y muchísimo menos cumplir con los requisitos de una hipoteca, sobre todo teniendo en cuenta la gran deuda del préstamo estudiantil que debía pagar en el futuro inmediato.

Le pregunté a Emmie si estaba preocupado por el hecho de que contar su historia pudiera afectar a su situación laboral. «No mucho», dijo pensativamente. «Es muy poco probable que alguna persona de mi trabajo lea su libro».

Al igual que mi historia, la de Emmie tiene su conclusión. Si incluimos el pago de sus horas extras y algunos aportes realizados por su esposa y su hermano, los ingresos de su familia están muy por encima de la media nacional: 53.046 $ en 2012. Y con su propiedad parcial de la casa y algunos otros bienes que su padre le va a dejar, su patrimonio neto también supera la media de 77.300 $ (2010).[16] Lo que quiere decir que Emmie y su familia poseen una mejor condición financiera que más de la mitad de las familias de Estados Unidos. Aunque, aun así, esté preocupado constantemente por quedarse atrás. «No puedo afirmar que estemos mejor que los demás ni que nos libremos de tener problemas económicos... Todo lo que puedo decir es que hacemos todo lo posible por mantenernos a flote en esta economía despiadada. Hasta ahora todo va bien».

Sin embargo, la amenaza real para el futuro de Emmie ni siquiera aparece todavía en la pantalla de su radar. Parece lógico que su tarea de confirmar las citas de los clientes puede automatizarse fácilmente. Pero su profesión entera está bajo amenaza por los avances tecnológicos de la comunicación inalámbrica de banda ancha en una extensa área. Estos sistemas utilizan una enorme potencia informática y algoritmos de IA adaptables sofisticados

[16] Jesse Bricker, Arthur B. Kennickell, Kevin B. Moore y John Sabelhaus, «Changes in U.S. Family Finances from 2007 to 2010: Evidence from the Survey of Consumer Finances», Federal Reserve Bulletin 98, n.º 2 (2012), http://www.federalreserve.gov/ pubs/bulletin/2012/pdf/scf12.pdf.

para ajustar continuamente las señales de radio a las condiciones locales en varios receptores a la vez, lo que elimina completamente la necesidad de cableado en el edificio.[17]

Una de esas tecnologías es DIDO (entradas y salidas distribuidas), desarrollada por Steve Perlman, empresario de Silicon Valley, cuyos logros anteriores incluyen QuickTime y WebTV. Si esta propuesta se impone en el mercado, se incorporará espléndidamente a su ya extensa fortuna, mientras que las 250.000 personas que en la actualidad trabajan instalando y reparando el cableado en Estados Unidos enviarán solicitudes para puestos de nivel principiante en Enterprise Rent-a-Car.[18]

[17] Dean Takahashi, «Steve Perlman's White Paper Explains 'Impossible' Wireless Tech», VB News, 28 de julio de 2011, http://venturebeat.com/2011/07/28/steve-perlman-unveils-dido-white-paper-explaining-impossible-wireless-data-rates/.

[18] http://www.bls.gov/ooh/installation-maintenance-and-repair/line-installers-and-repairers.htm, 8 de enero de 2014.

CAPÍTULO 8

Coge este trabajo y automatízalo

A pesar de lo que lea en la prensa, el calentamiento global no es tan malo, y desde luego no lo es para todo el mundo. Habrá ganadores y perdedores, dependiendo de dónde viva. En mi caso, aquí hace demasiado frío para mi gusto pero, por suerte para mí, se prevé que la temperatura media donde vivo aumente varios grados durante las próximas décadas. Suena bien; espero vivir para verlo.

El calentamiento global de por sí no es un problema. Después de todo, la vida en la Tierra ha superado varios ciclos de enfriamiento y calentamiento. El problema real es lo deprisa que ocurre. Si no hay suficiente tiempo para que los organismos vivos (incluyéndonos a nosotros) se adapten, los cambios rápidos del clima -por no mencionar los patrones climáticos inestables- pueden causar estragos. Las consecuencias catastróficas del cambio climático pueden tener una fuerte repercusión durante siglos, ya que las especies sufren las pérdidas espantosas de su hábitat, lo que provoca extinciones masivas.

El efecto del cambio tecnológico en nuestros mercados laborales funciona de la misma manera. Cuando el cambio es progresivo, los mercados son capaces de responder. Cuando es demasiado rápido, se produce el caos. Y como sucede con mis preferencias medioambientales particulares, da lugar a ganadores y vencedores.

El posible efecto acelerador de los avances recientes en inteligencia artificial sobre el cambio tecnológico va a enturbiar nuestros mercados laborales de dos formas fundamentales. La primera es la simple realidad de que la mayor parte de la automatización reemplaza a los trabajadores y, por tanto, elimina puestos de trabajo. Esto significa que hay menos sitios para que la gente trabaje. Es sencillo apreciar y medir esta amenaza; los empleadores llegan con un robot y acompañan a un trabajador a la puerta. No obstante, hay ocasiones en las que el cambio es menos visible. Es posible que cada puesto de trabajo nuevo elimine la necesidad de la quinta parte de las horas de un dependiente o las llamadas gratuitas de Skype le permitan trabajar de manera más productiva desde casa un día a la semana, lo cual aplaza la necesidad de contratar a otra persona hasta el siguiente trimestre.

Si esto ocurre gradualmente, las mejoras resultantes en la productividad y la reducción del coste con el tiempo crean riqueza y fomentan el crecimiento de puestos de trabajo, lo que compensa las pérdidas. El crecimiento puede darse de forma directa en la empresa recientemente mejorada, ya que la disminución de precios y el aumento de la calidad incrementan las ventas y provocan la necesidad de contratar a más empleados. O puede ocurrir en partes remotas de la economía en las que los clientes, que ya no tienen que pagar tanto por algún producto o servicio, decidan gastarse el dinero que se han ahorrado. Si las nuevas tecnologías de perforación provocan que los precios del gas natural caigan, le sobrará más dinero de su sueldo para ese barco de vela al que había echado el ojo.

Sin embargo, la segunda amenaza es mucho más imperceptible y difícil de predecir. Muchos avances tecnológicos modifican las reglas del juego al permitir que las empresas reorganicen y rediseñen su forma de operar. Normalmente, estas mejoras organizativas y del proceso causan la obsolescencia tanto de puestos de trabajo como de capacidades. Es posible que despidan a un cajero cuando el banco instale cajeros automáticos; la mejora del servicio provoca la necesidad de contratar ingenieros de redes, pero no cajeros. Aunque el banco aumente con el tiempo su mano de obra total, a los cajeros se les habrá acabado la suerte. Los tejedores a la larga pueden aprender a trabajar con telares; los jardineros a utilizar cortacéspedes; y los médicos a usar ordenadores para seleccionar los antibióticos adecuados, una vez que hayan aceptado que las inteligencias artificiales son superiores a su propio criterio profesional. No obstante, el aprendizaje de nuevas habilidades no sucede de un día para otro, y en ocasiones los empleados despedidos no son capaces de adaptarse y hay que esperar hasta la nueva generación de trabajadores.

Piense en la agricultura como ejemplo de transformación del mercado laboral que hemos soportado con éxito. A principios del siglo XIX, las granjas ya daban empleo a un considerable 80 por ciento de los trabajadores de Estados Unidos.[1] Tenga en cuenta lo que esto significa. La producción de alimentos era con creces la actividad dominante a la que se dedicaban las personas, e indudablemente este patrón había sido el habitual desde la invención de la agricultura hace unos cinco mil años.

Pero en 1900 esta cifra había caído a la mitad, un 40 por ciento, y actualmente sólo es un 1,5 por ciento, que incluye a familiares no retribuidos y trabajadores sin papeles.[2] En esencia, somos capaces de automatizar casi todos los puestos de trabajo, pero en lugar de provocar un desempleo generalizado

[1] Dorothy S.Brady, ed., Output, Employment, and Productivity in the United States After 1800, National Bureau of Economic Research, 1966, http://www.nber.org/chapters/ c1567.pdf.

[2] «Employment Projections», Oficina de Estadística Laboral, tabla 2.1: Empleo del principal sector de la industria, última modificación el 19 de diciembre de 2013, http://www.bls.gov/emp/ ep_table_201.htm.

permitimos que las personas estén disponibles para otras actividades productivas y generadoras de riqueza. De esta manera, en los dos últimos siglos la economía de Estados Unidos ha sido capaz de absorber de media alrededor del 0,5 por ciento de la pérdida de oportunidades laborales en la agricultura cada año sin trastornos evidentes.

Ahora imagine que esto hubiera ocurrido en dos décadas, en lugar de dos siglos. Su padre trabajaba en una granja, y el padre de su padre, remontándonos hasta la última persona que podamos recordar. Entonces, un Henry Ford de la agricultura revolucionó la industria al completo en un instante: el suelo temblaba por el estruendo de nuevos arados, trilladoras y cosechadoras resplandecientes; el aire estaba cargado por el olor del diésel. Los precios de los alimentos se desplomaron, y las empresas compraron todas las tierras de cultivo con el apoyo de los financieros acaudalados de Wall Street. Al cabo de pocos años, su familia había perdido la granja en una ejecución hipotecaria, además de todas sus propiedades, excepto la Biblia familiar.

Sus cinco hermanos y usted, con una formación media de tercero de educación primaria, se dieron cuenta de que sus conocimientos para herrar caballos, arar surcos rectos y embalar heno eran totalmente inútiles, al igual que les ocurrió a todos sus vecinos. Pero tenían que seguir comiendo. Conoció a una persona, que conocía a otra que trabajaba con una de las máquinas nuevas doce horas al día, a cambio de tres cigarrillos, que supuestamente había conseguido el trabajo en Topeka, así que se mudó a una de los enormes campamentos que circundaban las principales ciudades centroccidentales, con la esperanza de encontrar un trabajo de cualquier tipo. Poco después, recibió noticias de que sus padres habían vendido la Biblia para comprar medicamentos para su hermana pequeña, que aun así falleció de disentería. Con el tiempo, perdió el rastro del resto de sus hermanos.

El uno por ciento que todavía tenía trabajo vivía en casas diminutas en serie y subsistía a duras penas. Sin embargo, eran la envidia de los demás; al menos tenían un techo bajo el que guarecerse. Cada día esperaba en fila en el exterior de sus comunidades cerradas, con la esperanza de conseguir la oportunidad de lavar sus ropas y entregarles la bolsa del almuerzo. Se había corrido la voz de que las hijas del ilustre empresario que había cambiado el mundo habían utilizado su gran fortuna para construir un museo de arte increíble, fabricado con cristal, en una pequeña ciudad de Arkansas. No obstante, todo ello había sido antes de la revolución. Después, las cosas empeoraron mucho.

Voy a dar mis argumentos sobre el desplazamiento tectónico que se avecina de manera similar, aunque indudablemente será menos dramático y más humano. Los falsos trabajadores sustituirán la necesidad de la mayor parte del trabajo cualificado, y los intelectos sintéticos remplazarán en gran medida los oficios especializados de las personas con estudios. Cuando se implementen en un principio, muchas tecnologías nuevas sustituirán directamente a los trabajadores y realizarán el trabajo prácticamente igual. Otras innovaciones no sólo dejarán a los trabajadores sin empleo, sino que además eliminarán los tipos de trabajo que desempeñan.

Por ejemplo, piense en la manera en la que Amazon adapta constantemente los modelos de existencias de sus almacenes. Si una persona debe hacer la planificación del almacén (como en muchas empresas tradicionales), los productos podrían organizarse de un modo lógico y comprensible: los artículos idénticos se almacenarían los unos al lado de los otros, por ejemplo, para que cuando necesitara coger uno, supiera dónde está. Pero un intelecto sintético del tipo que Amazon ha creado no está sujeto a esta limitación. Los productos similares pueden encontrarse al lado de otros que normalmente se envíen con ellos o en cualquier lugar donde encajen de manera compacta. Para el ojo humano, parece un caos –se apilan al azar productos de distintos tamaños y formas por todas partes–, motivo por el cual se denomina almacenamiento caótico a este tiempo de organización de almacenes.[3] Pero un intelecto sintético puede controlarlo todo y dirigir a un trabajador al lugar correcto exactamente para atender un pedido, de manera mucho más eficiente que un organizador humano.

Un efecto secundario de la introducción de esta innovación es que reduce la formación y los conocimientos que necesitan los trabajadores de almacén, lo que les hace más vulnerables a la sustitución por falsos trabajadores. Estos empleados ya no tienen que estar familiarizados con la localización de los productos en las estanterías; de hecho, sería casi imposible hacerlo en un entorno tan poco sistemático y evolutivo. Al haber simplificado primero las aptitudes requeridas para desempeñar el trabajo, Amazon puede reemplazar a los empleados que recorren el almacén recogiendo los pedidos. Quizás sea por este motivo por el que adquirió la empresa de robótica Kiva Systems, al parecer por 775 millones de dólares, en 2012.[4]

Es sólo un ejemplo del cambio profundo que las inteligencias artificiales van a provocar en nuestro mundo. La necesidad de imponer el orden –no sólo en los almacenes, sino también en casi todas las cosas– está motivada por las limitaciones de la mente humana. Los intelectos sintéticos no sufren dicha restricción, y su repercusión convertirá el orden en confusión en muchos aspectos de nuestras vidas. Nuestro esfuerzo por domesticar nuestras esferas intelectuales y físicas en forma de cuidados jardines cederá el paso a matorrales enmarañados e impenetrables para nosotros.

Cuando la mayoría de las personas piensa en la automatización, normalmente sólo tiene en mente la simple sustitución del trabajo o la mejora de la velocidad o la productividad de los empleados, no la alteración más considerable provocada por el rediseño del proceso. Por eso, algunos puestos de

[3] Torsten Reichardt, «Amazon–Leading the Way Through Chaos», Schafer Blog, 18 de mayo de 2011,http://www.ssi-schaefer.de/blog/en/order-picking/chaotic-storage-amazon/.

[4] http://en.wikipedia.org/wiki/Kiva_Systems, última modificación el 1 de diciembre de 2014.

trabajo que quizás no espere que sucumban ante la automatización sí que desaparezcan.

Por ejemplo, los estudios frecuentemente citan puestos de trabajo que requieren don de gentes o capacidad de persuasión como prototipo de aquellos que es poco probable que se automaticen en el futuro próximo. Sin embargo, no es necesariamente así (como he mencionado en el capítulo 4, el presidente ejecutivo de Rocket Fuel opinaba que la persuasión era una aptitud que el servicio de ubicación de anuncios de su empresa reemplazaba en gran medida).

La capacidad de convencerle de que una vestimenta concreta le queda espectacular es definitivamente el sello distintivo de un vendedor con éxito. Pero ¿por qué necesita a esa persona si puede preguntar a cientos de personas reales? Imagínese una tienda de ropa en la que le fotografían con varios conjuntos diferentes, y las imágenes se publican de inmediato (y de manera anónima, ocultando su cara) en una web especial, donde los visitantes pueden dar su opinión sobre cuál de ellos le hace más delgado. En unos segundos, obtiene comentarios objetivos y fiables estadísticamente de extraños imparciales, que ganan puntos si usted realiza la compra (este concepto se denomina «colaboración abierta distribuida»). ¿Por qué confiar en un vendedor motivado por una comisión si puedo averiguarlo con seguridad?

Para reflejar esas dos consecuencias diferentes de la automatización del trabajo (sustitución de trabajadores y obsolescencia de las capacidades), los economistas tienen dos nombres distintos para el desempleo resultante. El primero es «cíclico», lo cual quiere decir que las personas dejan y empiezan trabajos en ciclos.[5] En circunstancias desfavorables, el grupo de personas que está entre un trabajo y otro aumenta, lo que conlleva un desempleo más elevado. Pero tradicionalmente, en cuanto la economía se recupera, los trabajadores inactivos encuentran nuevos empleos. Hay pocas personas desempleadas y durante períodos más cortos de tiempo. Funciona igual que el mercado inmobiliario: en un mercado lento, hay más casas disponibles que se tardan más en vender. No obstante, cuando el mercado se transforma este exceso de inventario se absorbe rápidamente.

Me sorprendió mucho enterarme de cuántos reemplazos se producen en el mercado laboral estadounidense. En 2013, un año bastante normal, el 40 por ciento de los trabajadores cambiaron de empleo.[6] El mercado es muy flexible. Por el contrario, se venden menos de un 4 por ciento de casas al año.[7] De esta

[5] Estoy simplificándolo un poco. El desempleo cíclico, también conocido como reemplazo, tiene numerosas causas: personas que se marchan, son despedidas, cambian de trabajo, solicitan una excedencia, etc. Que el puesto sea automatizado es sólo una de ellas.

[6] «Job Openings and Labor Turnover Summary», comunicado de prensa de la Oficina de Estadística Laboral, 13 de noviembre de 2014, http://www.bls.gov/news.release/jolts.nr0.htm. De nuevo, está un poco simplificado. Algunas personas salen del mercado laboral; otras entran; pero la mayoría son personas que dejan una empresa y se incorporan en otra. Además, varía mucho de un sector a otro.

[7] Número total de hogares (2011): 132 millones; número total de ventas: 4.6 millones. «American Housing Survey for the United States: 2011», Departmento de Vivienda y Desarrollo Urbano, Oficina de

manera, cuando hablamos de aproximadamente un 8 por ciento de desempleo, no es necesario mucho tiempo para absorber los pequeños cambios en los índices de creación y destrucción de empleo o, a la inversa, para expulsar a más personas del empleo.

El otro tipo de desempleo se denomina «estructural», lo que significa que algún grupo de desempleados básicamente no puede encontrar un empleo adecuado de ninguna manera. Pueden enviar currículos durante todo el día, pero nadie les quiere contratar porque sus aptitudes no se ajustan a los puestos disponibles.[8] El equivalente en el mercado inmobiliario sería si los tipos de viviendas disponibles no fueran adecuados para los compradores. De pronto, las parejas empiezan a tener trillizos, en lugar de hijos únicos, por lo que necesitan más habitaciones, o la gente empieza a ir al trabajo en coches voladores que sólo pueden despegar desde tejados planos, pero la mayoría de las casas tienen tejados a dos aguas.

Como puede ver en mis ejemplos rocambolescos, los factores que pueden modificar el atractivo de las viviendas normalmente no cambian muy rápido, así que los constructores y remodeladores disponen de mucho tiempo para adaptarse. Sin embargo, no es cierto en el caso de la automatización porque el ritmo de invención y el índice de adopción pueden modificarse rápida e impredeciblemente, lo que transforma el carácter de todos los segmentos del mercado laboral demasiado deprisa para que las personas puedan aprender nuevas habilidades, si es que son capaces de volver a capacitarse. Estos vientos variables nos sacuden precisamente porque son difíciles de anticipar y casi imposibles de medir.

Los economistas y teóricos que estudian los mercados laborales tienen una tendencia natural hacia lo cuantificable. Es comprensible, ya que para hacer sonar la alarma de forma creíble deben tener datos contrastados que lo respalden. Su trabajo debe responder a un análisis objetivo, independiente a la revisión por pares, que fundamentalmente significa que debe ser reducido a cifras. Sin embargo, como he aprendido en el negocio, las hojas de cálculo y los estados financieros solamente pueden captar algunas cosas, aunque las tendencias que resisten la simplificación en mediciones normalmente controlen el resultado (de hecho, se argumenta que los ciclos empresariales problemáticos e impredecibles que atormentan a nuestra economía son motivados en gran medida por el hecho de que el rendimiento se cuantifica fácilmente, pero

Desarrollo e Investigación de Políticas (conjuntamente con el Miniserio de Administración de Comercio, Economía y Estadísiticas de la Oficina del Ceso de Estados Unidos), septiembre de 2011, http://www.census.gov/content/dam/Census/programs-surveys/ahs/data/2011/h150-11.pdf. Vea también «New and Existing Home Sales, U.S.», Asociación Nacional de Constructores de Viviendas, 2014, http://www.nahb.org/file Upload_details.aspx?contentID=55761.

[8] Más simplificación. Además de habilidades obsoletas, algunos candidatos pueden parecer deteriorados para los posibles empleadores debido a su desempleo prologando o que sean más mayores de lo deseado (aunque en principio sea ilegal).

los riesgos no). No puedo contabilizar el número de estimaciones de ventas, meticulosamente detalladas pero malas, que he visto dejar desconcertados a equipos de dirección. En el trabajo, a veces tuve la impresión de que mi contribución más importante como director era anticipar lo que todavía no se había manifestado de forma cuantificable.

Pero, al hablar del mercado laboral general, las estadísticas de desempleo o índice agregado de cambios oculta la realidad de la situación porque el panorama de capacidades útiles cambia de forma imprevisible. La complejidad de esta red de hábitats laborales en desaparición y ecosistemas de puestos en evolución oponen resistencia al análisis de las herramientas matemáticas tradicionales, que es el motivo por el cual los intentos de cuantificar este proceso completo suelen quedarse atascados en montones de gráficos y tablas o se convierten en afirmaciones sin fundamento. Afortunadamente, no estoy vinculado a estas mismas limitaciones profesionales, así que abróchese el cinturón para realizar un rápido viaje por el futuro. Mi planteamiento va a ser la observación de unos ejemplos concretos y luego intentar razonar por analogía para obtener un panorama general. Empezaremos por el comercio minorista, el mercado laboral comercial más grande, como indica la Oficina de Estadística Laboral de Estados Unidos (BLS, por su siglas en inglés).[9]

La BLS señala en sus informes que alrededor de un 10 por ciento de los empleados estadounidenses trabaja en la venta al por menor, aproximadamente 14,5 millones de personas.[10] Para analizar las tendencias, vamos a utilizar a los vendedores en representación del grupo entero. La BLS prevé que su mano de obra, que era de 4,4 millones en 2012, aumente un 10 por ciento (a 4,9 millones) en los próximos diez años. No obstante, esto está basado en las tendencias demográficas actuales; no es un análisis cualitativo de lo que ocurre realmente en el sector.

Para hacerse una idea de lo que va a suceder en realidad, piense en las consecuencias sobre el empleo de la transición de las tiendas tradicionales a las virtuales. Una forma útil de analizarlo es utilizar una estadística denominada ingresos por empleado. Se toma los ingresos anuales totales de una empresa y se dividen por el número de empleados. Es una medida estándar de la eficiencia de una empresa o, por lo menos, de la eficiencia de la mano de obra.

Los ingresos medios por empleado de Amazon (la tienda virtual más grande) durante los últimos cinco años han sido alrededor de 855.000 $.[11] Compárelo con Walmart (la tienda tradicional más grande), cuyos ingresos por

[9] He extraído estas cifras de: http://data.bls.gov/projections/occupationProj, acceso el 31 de diciembre de 2014.

[10] Como se resume en «Reinventing Low Wage Work: Ideas That Can Work for Employees, Employers and the Economy», iniciativa de estrategias de mano de obra del Instituto Aspen, acceso el 27 de noviembre de 2014, http://www.aspenwsi.org/wordpress/wp-content/uploads/RetailOverview.pdf.

[11] http://www.wolframalpha.com/input/?i=revenue+per+employee+amazon+wal mart+safeway, acceso el 29 de noviembre de 2014.

empleado son de 213.000 $, unos de los más elevados de todos los comercios. Quiere decir que por cada millón de dólares en ventas, Walmart da empleo a unas cinco personas. Sin embargo, para la misma cantidad de ventas, Amazon emplea a algo más de una persona. Por tanto, por cada millón de dólares en ventas que pasa de Walmart a Amazon, potencialmente se pierden cuatro puestos de trabajo.

En la actualidad, ambas empresas venden prácticamente los mismos productos. Y Walmart consigue una buena parte de sus ventas en línea también, así que la pérdida de puestos de trabajo que implica el cambio a las ventas en Internet se ha subestimado. Y ninguna de las empresas se detiene; posiblemente ambas sean más eficientes en el futuro.

Para determinar el límite superior de las pérdidas de puestos de trabajo, imagine que como por arte de magia todas las ventas de tiendas al por menor de repente se trasladasen de tiendas como Walmart a webs como Amazon. El 10 por ciento de la mano de obra (la mayoría) que trabaja en las tiendas sería sustituida por un 2 por ciento de la mano de obra que trabaja para tiendas virtuales. Supone un 8 por ciento menos de puestos disponibles en Estados Unidos, más que el índice total de empleo de 2014. Por lo tanto, ¿tenemos un gran problema? Realmente, no. Por supuesto, todas las ventas no se trasladarán a Internet –su centro comercial favorito no cerrará– y seguramente el cambio tardará un tiempo. Pero ¿cuánto?

A pesar de todo el bombo y platillo, solamente un 6 por ciento de las ventas al por menor de Estados Unidos son en línea en la actualidad. Han ido aumentando regularmente a un índice aproximado de un 15 por ciento anual durante los cuatro últimos años.[12] Si las ventas en Internet continuaran creciendo a ese ritmo durante los próximos veinte años (poco probable) y todo el crecimiento de las ventas al por menor pasara al segmento en línea (también improbable), representaría como mucho la mitad de las ventas totales al por menor. Quiere decir que aproximadamente se habrían duplicado en ese período, que es bastante más de lo que ocurrió las dos décadas anteriores, pero sólo un 10 por ciento más de personas serían necesarias para mantener dichas ventas.[13] Y eso supone que las tiendas tradicionales no crezcan en absoluto, lo cual no es verosímil.

Mientras tanto, ¿qué va a ocurrir con la mano de obra? La BSL, basándose en predicciones demográficas minuciosas, estima que la mano de obra

[12] «E-commerce Sales», Centro de Información al Minorista de la Federación Nacional de Minoristas, 2014, http://research.nrffoundation.com/Default.aspx?pg=46#.Ux55G9ycRUs; y «Quarterly Retail E-commerce Sales, 3rd Quarter 2014», comunicado de prensa de la Oficina del Censo de Estados Unidos, 18 de noviembre de 2014, https://www.census.gov/retail/mrts/www/data/

[13] Entre 1993 y 2013, las ventas totales al por menor en Estados Unidos aumentaron un 134 por ciento (http://www.census.gov/retail/marts/www/download/text/adv44000.txt, acceso el 29 de noviembre de 2014). El 50 por ciento nuevo de ventas al por menor (en línea) exigen solamente un 20 por ciento como mucha gente, así que la mitad de ese 20 por ciento es un 10 por ciento del total.

aumentará sólo un 12 por ciento en los próximos veinte años.[14] En otras palabras, un cambio enorme de las tiendas tradicionales a las virtuales, mucho más eficientes en mano de obra, posiblemente sólo obtenga como resultado un 2 por ciento de impacto negativo sobre el empleo de ese período (es decir, el 12 por ciento del crecimiento del mercado laboral sólo supera levemente el 10 por ciento más de trabajadores necesarios). Esto supone solamente un 0,1 por ciento anual que tendría que absorber la economía, en comparación con el 0,5 medio de la pérdida anual de empleos agrícolas de los dos últimos siglos. No obstante, la historia mejora. Seguramente con la duplicación de las ventas al por menor, los nuevos puestos de trabajo de todas las clases de sectores que diseñan, fabrican y envían esos productos tomarán el relevo.

¡Ups! ¿He incluido el transporte en esa lista? Error mío. El transporte es una historia totalmente distinta. En 2012, había 1,7 millones de conductores de camión de larga distancia en Estados Unidos. Son personas que manejan camiones con remolques y otros vehículos de grandes cargas que frecuentan el sistema de carreteras interestatales. La BLS prevé que la demanda de dichos conductores va a aumentar un 11 por ciento en los próximos diez años. De ninguna manera.

Aunque quizás considere que la conducción por carretera necesita una habilidad mayor y más experiencia que conducir por las calles locales, ocurre exactamente lo contrario en lo referente a tecnología de conducción autónoma, un híbrido maravilloso de intelectos sintéticos y falsos trabajadores. Las carreteras se encuentran en buenas condicionas, contienen menos obstrucciones móviles fortuitas (como peatones y bicicletas) y son mucho más predecibles que las calles locales de su barrio. En la actualidad se dispone de la tecnología necesaria para hacer funcionar camiones sin conductor, y puede aplicarse a las flotas existentes a un coste muy razonable. Los camiones equipados con dicha tecnología pueden ver en todas las direcciones, en lugar de sólo hacia delante como ocurre generalmente, y compartir de inmediato información sobre las condiciones de las carreteras, riesgos cercanos y sus propias intenciones (básicamente, pueden contar con un radar 3D detallado, llamado Lidar, junto con mapas pormenorizados y GPS, y no necesitan luces).

Además, su tiempo de reacción es prácticamente cero. Como consecuencia, los camiones sin conductor pueden ir en caravana de manera segura, con sólo unos centímetros de espacio entre ellos (lo que suele denominar «trenes de carretera»), lo cual disminuye la congestión en las carreteras y da lugar a un ahorro de combustible igual o superior al 15 por ciento.[15] Las entregas son más rápidas porque pueden operar día y noche sin descansos. No se cansan,

[14] Mitra Toosi, «Projections of the Labor Force to 2050: A Visual Essay», Monthly Labor Review, Oficina de Estadística Laboral, octubre de 2012, http://www.bls.gov/opub/ mlr/2012/10/art1full.pdf.

[15] Steven Ashley, «Truck Platoon Demo Reveals 15% Bump in Fuel Economy», Sociedad de Ingenieros Automotor (SAE Internacional), 10 de mayo de 2013, http://articles.sae.org/11937/.

no beben, no se ponen enfermos, no se distraen ni se aburren, no se quedan dormidos, no hablan por teléfono ni hacen huelgas para obtener mayores salarios ni mejores condiciones laborales. ¿Y cuántos de los 273.000 accidentes de camiones grandes, que se han llevado 3.800 vidas y han costado más de 4,4 mil millones de dólares (únicamente en 2011) podrían evitarse en el futuro?[16] ¿Me permitiría señalar que solamente esta innovación podría salvar más vidas al año de las que se perdieron en la catástrofe del 11 de septiembre en World Trade?

Dichos sistemas no son quimeras futuristas; ya se han probado en carreteras reales y otros lugares. Según afirma un comunicado de prensa reciente: «Río Tinto está lanzando una flota de 150 camiones automatizados en nuestras operaciones de minerales de hierro de Pilbara, la primera implementación importante de un flota de camiones autónomos a nivel mundial. Desde que comenzó la prueba de dos años, los camiones autónomos han funcionado a diario, 24 horas al día, y han desplazado más de 42 millones de toneladas de material en 145.000 ciclos aproximadamente. Han viajado más de 450.000 kilómetros. Controlamos los camiones desde nuestro centro de operaciones en Perth, a 1.500 kilómetros. Siguen recorridos predefinidos, y los sistemas GPS les dirigen de manera autónoma desde las unidades de carga a las localizaciones de descarga».[17]

No tiene que ser un visionario para ver lo que va a suceder. ¿Casi dos millones de conductores de camión de larga distancia en diez años? Sospecho que la BLS está totalmente equivocada; posiblemente esté más cerca de cero. No obstante, es sólo una de las aplicaciones de la conducción autónoma. ¿Cuántos de los más de 5,7 millones de conductores con licencia comercial (2012) perderán sus puestos de trabajo como consecuencia de las variaciones de la tecnología?[18] Yo no recomendaría esta opción profesional a mis hijos.

Solamente basándonos en las cifras agregadas, es probable que los conductores pierdan sus empleos en tropel, a diferencia de los empleados de comercios minoristas. Sin embargo, está distorsionado; los datos brutos ocultan una verdad más profunda. El problema real no es únicamente el número total de empleos disponibles, sino las aptitudes necesarias para desempeñarlos.

Aquí es donde las cosas se hacen cualitativas, así que permítame dar unas pinceladas. Existe una gran diferencia entre las habilidades requeridas para

[16] «Commercial Motor Vehicle Facts», Administración Federal de Seguridad de Vehículos de Autotransporte, Departmento de Transporte de EE. UU., marzo de 2013, http://www.fmcsa.dot.gov/sites/fmcsa.dot.gov/files/docs/Commercial_Motor_Vechicle_Facts_March_2013.pdf.

[17] «Automated Trucks Improve Health, Safety, and Productivity», RioTinto (Home/About us/features), acceso el 29 de noviembre de 2014, http://www.riotinto.com.au/ENG/about us/179_features_1365.asp; Carl Franzen, «Self-driving Trucks Tested in Japan, Form a Close-Knit Convoy for Fuel Savings», The Verge, 27 de febrero de 2013, http://www.theverge.com/2013/2/27/4037568/self-driving-trucks-tested-in-japan.

[18] «Commercial Motor Vehicle Facts».

vender productos a las personas en las tiendas y (por ejemplo) las necesarias para mantener la web de una tienda virtual. No resulta tan sencillo para una tierna abuelita pasar de dirigirse a la localización de la sección de calzado en Walmart a observar las opiniones de los clientes que ya han adquirido el producto en Amazon. Un conductor de camión que quizás haya terminado el instituto y cuyo conocimiento principal de informática sea ver Netflix probablemente no estará preparado para muchos otros empleos, sobre todo porque es posible que una amplia gama de operarios sucumba también a la automatización. Los dispositivos robotizados que pueden ver y operar en entornos naturales están a punto de diezmar todas las clases de mercados laborales. Los falsos trabajadores, en resumen, se acercan desde todas las direcciones. Voy a describir algunos a continuación.

Trabajadores agrícolas. Existen proyectos en curso que amenazan la subsistencia de los 2 a 3 millones de trabajadores agrícolas estadounidenses restantes.[19] En 2010, la Unión Europea creó el programa «Robots inteligentes para los cultivos» (cuya abreviatura en inglés, CROPS, coincide ingeniosamente con la palabra cultivos). Como explica el responsable del proyecto, «un robot agrícola debe estar provisto de inteligencia para ser capaz de funcionar enérgicamente en un ambiente como el agrícola, que está poco estructurado, es dinámico y hostil».[20]

Agrobot –empresa española que ha abierto una oficina en Oxnard, California– fabrica un robot comercial que recolecta fresas.[21] Sólo identifica la fruta que está lo suficiente madura como para ser recogida. La buena noticia es que contratan a personas, pero únicamente licenciados en ingeniería. Dudo que sea de mucho consuelo para Elvia López, inmigrante bondadosa, mexicana, de 31 años que recoge fresas en Santa María, California (su caso apareció en *Los Angeles Times*).[22] Agrobot no es la única que aborda esta posibilidad. Un competidor japonés afirma que su tecnología puede reducir el tiempo de la recolecta de fresas un 40 por ciento.[23]

Blue River Technologies, startup de capital riesgo de Silicon Valley dirigida por un graduado de Stanford, desarrolla robots que pueden desherbar. Según afirman en sus materiales publicitarios: «Estamos creando sistemas que pueden diferenciar los cultivos de las malas hierbas, con el objetivo de eliminar

[19] «United States Farmworker Fact Sheet», Alianza Comunitaria para la Justicia Global, acceso el 29 de noviembre de 2014, http://www.seattleglobaljustice.org/wp-content/up loads/fwfactsheet.pdf.

[20] Nancy S. Giges, «Smart Robots for Picking Fruit», Sociedad Estadounidense de Ingenieros Mecánicos (ASME), mayo de 2013, https://www.asme.org/engineering-topics/articles/ robotics/smart-robots-for-picking-fruit.

[21] http://www.agrobot.com, acceso el 31 de noviembre de 2014.

[22] Hector Becerra, «A Day in the Strawberry Fields Seems Like Forever», Los Angeles Times, 3 de mayo de 2013, http://www.latimes.com/great-reads/la-me-strawberry-pick-20130503-dto,0,3045773.htmlstory#axzz2w5JRTBig.

[23] Tim Hornyak, «Strawberry-Picking Robot Knows When They're Ripe», CNET, 13 de diciembre de 2010, http://news.cnet.com/8301-17938_105-20025402-1.html.

estas últimas sin dañar los cultivos o el entorno. Nuestros sistemas utilizan cámaras, visión informática y algoritmos de aprendizaje automático».[24]

Tenga en cuenta que la tropa de trabajadores agrícolas mecánicos que se aproxima no tiene por qué ser más rápida que los trabajadores a los que sustituyen, ya que al igual que los vehículos autónomos pueden funcionar en la oscuridad y, por tanto, no se limitan a trabajar cuando hay luz del día.

Trabajadores de almacén. Además de recoger y empaquetar pedidos, como he descrito anteriormente, se realiza la carga y descarga de los paquetes. Actualmente lo hacen los trabajadores humanos porque necesitan una opinión humana para decidir cómo sujetar y apilar cajas de formas aleatorias en los vehículos de reparto y los contenedores de envío. Sin embargo, otra startup de Silicon Valley, Industrial Perception Inc., está modificando todo eso. Sus robots pueden mirar en un camión, seleccionar un producto y recogerlo. Como indica la ocurrencia de su página web (antes de que la empresa fuera adquirida por Google en 2013 y la web se volviera más sombría), Industrial Perception «suministra robots con las capacidades que necesitarán para tener éxito en la economía del mañana».[25]

Trabajadores sexuales. Quizás pensaba que la prostitución es un trabajo que necesita contacto humano. Puede que sea ilegal en la mayor parte de Estados Unidos, pero los juguetes sexuales no lo son. Y están a punto de adquirir una forma totalmente nueva. Empresas como TrueCompanion, ubicada en Nueva Jersey, están desarrollando muñecos sexuales interactivos en tamaño real, en versiones tanto femeninas como masculinas (llamadas Roxxxy y Rocky).[26] El fundador de la empresa, Douglas Hines, que anteriormente trabajó en IA en los laboratorios Bell, dijo en una entrevista en 2010: «La inteligencia artificial sustenta el proyecto completo». Según la empresa, «Roxxxy puede mantener un diálogo y expresarle su amor. Puede hablar, escucha y sentir su tacto».[27]

El resto de proyectos que se cuecen en los laboratorios de IA de todo el mundo son demasiado numerosos como para mencionarlos. Tienen como objetivo tareas como doblar la ropa limpia, enjuagar platos, colocarlos en el lavavajillas, meter la comida en bolsas e ir a buscar café (hay un robot que incluso dirige los ascensores).[28] Hasta ahora, mis ejemplos quizás ofrezcan

[24] http://www.bluerivert.com, acceso el 31 de diciembre de 2014.

[25] Erin Rapacki, «Startup Spotlight: Industrial Perception Building 3D Vision Guided Robots», IEEE Spectrum, 21 de enero de 2013, http://spectrum.ieee.org/automaton/robot ics/robotics-hardware/startup-spotlight-industrial-perception.

[26] http://www.truecompanion.com, acceso el 31 de diciembre de 2014. En el momento de escribir esto, existen pocas pruebas de que la empresa realmente esté fabricando un producto viable.

[27] Robi Ludwig, «Sex Robot Initially Designed as a Health Aid», 9 de febrero de 2010, http:// news.discovery.com/tech/robotics/sex-robot-initially-health-aid.htm.

[28] http://www.eecs.berkeley.edu/~pabbeel/personal_robotics.html, acceso el 29 de noviembre de 2014; http://www.telegraph.co.uk/technology/3891631/Kitchen-robot-loads-the-dishwasher.html, 22 de diciembre de 2008; http://www.dvice.com/archives/2011/05/pr2-robot-gets.php, 12 de mayo de 2011; http://spectrum.ieee.org/automaton/robotics/robotics-software/pr2-robot-fetches-cup-of-coffee, 9 de mayo de 2013.

algo de tranquilidad a los lectores que trabajan en iniciativas más intelectuales, pero este alivio se perderá. La próxima ola de intelectos sintéticos va a devastar muchas de sus profesiones, de la misma forma que seguramente los falsos trabajadores sustituirán a los trabajadores manuales. La automatización no depende del tipo de profesión.

Vamos a empezar por el ejercicio de la abogacía. El colegio de abogados de Estados Unidos estima que había 1,2 millones de abogados titulados en EE. UU. en 2010, casi tres cuartas partes de ellos trabajaban por cuenta propia.[29]

Se han retorcido muchas manos por los problemas económicos de la obtención de títulos universitarios en derecho. Entrar en la facultad de derecho solía ser un gran logro, además de un billete de entrada a la buena vida. Pero ya no. Las solicitudes han ido cayendo año tras año, ya que se está despertando una generación más práctica en la realidad económica. La universidad Law School Admissions Council señala en sus informes que las solicitudes en 2014 disminuyeron casi un 30 por ciento en relación con los dos años anteriores y volvieron a niveles vistos por última vez en 1977.[30] Los nuevos graduados pueden tener una carga de deudas de más de 150.000 $, a pesar de que el salario inicial medio de un graduado en 2011 fuera solamente de 60.000 $, casi un 17 por ciento menos que sólo dos años antes.[31] Pero ellos eran los afortunados. En 2009, un asombroso 35 por ciento de graduados en derecho, recién titulados, no fue capaz de encontrar un empleo que tuviera como requisito haber aprobado el examen de acceso a la abogacía.[32]

Naturalmente existen muchos factores que afectan a las posibilidades de encontrar trabajo para un abogado y, sin duda, la automatización se encuentra entre ellos. Y los problemas no han hecho nada más que empezar. Hasta la fecha, el uso de ordenadores en la profesión jurídica se ha concentrado en gran medida en el almacenamiento y la gestión de documentos jurídicos, lo cual reduce las horas facturables porque no tiene que empezar a escarbar cuando redacta contratos e informes. Sin embargo, un montón de emprendedores jurídico-tecnológicos nuevos está trabajando en reducir en buena medida o eliminar la necesidad de abogados para las operaciones más comunes. Especialidad tras especialidad, los innovadores descubren que el trabajo más productivo es lo suficientemente repetitivo como para permitir delegarlo a inte-

[29] «Lawyer Demographics», Colegio de Abogados de los Estados Unidos, 2011, http://www.americanbar.org/content/dam/aba/migrated/marketresearch/PublicDocuments/lawyer_demo graphics_2011.authcheckdam.pdf.

[30] http://www.lsac.org/lsacresources/data/three-year-volume, accesso el 31 de dciembre de 2014; y Jennifer Smith, «First-Year Law School Enrollment at 1977 Levels», blog jurídico, Wall Street Journal, 17 de diciembre 2013, http://blogs.wsj.com/law/2013/12/17/first-year-law-school-enrollment-at-1977-levels/.

[31] E. M. Rawes, «Yearly Salary for a Beginner Lawyer», Global Post, acceso el 29 de noviembre de 2014, http://everydaylife.globalpost.com/yearly-salary-beginner-lawyer-33919.html.

[32] Adam Cohen, «Just How Bad off Are Law School Graduates?» Time, 11 de marzo de 2013, http://ideas.time.com/2013/03/11/just-how-bad-off-are-law-school-graduates/.

lectos sintéticos. Los contratos comerciales comunes –desde arrendamientos y préstamos hasta licencias, actas de constitución y acuerdos de compra– están bastante bien estructurados como para permitir que un programa informático escriba un primer informe, o incluso uno final.

Piense en la startup jurídico-tecnológica FairDocument.[33] Por medio de su enfoque en la planificación patrimonial, área jurídica bien definida y bastante rutinaria, la empresa es capaz de entrevistar a los clientes a través de su web y preparar informes preliminares. Los posibles clientes responden algunas preguntas iniciales, y luego los abogados hacen sus ofertas para conseguir el negocio. La mayor parte del tiempo, si el caso es relativamente sencillo, los abogados optan por la oferta estándar recomendada de 995 $ para un plan de patrimonio preparado a través de FairDocument, por un servicio que de otra manera costaría entre 3.500 y 5.000 $ normalmente.

Quizás crea que esto simplemente reduce el sueldo de los licenciados en derecho, pero los abogados salen adelante gracias a lo que ocurre a continuación. En lugar de llevar a cabo la entrevista habitual por teléfono o personalmente para informar al nuevo cliente, recoger la información necesaria y dedicar varias horas a la realización de informes, los abogados dejan que FairDocument guíe al cliente a través de una consulta en línea, amplia y estructurada, en la que se explican los conceptos necesarios y se recopilan sus datos. Después, el software proporciona un informe inicial al abogado y resalta las áreas en las que es probable que se necesiten decisiones o atención adicionales. Jason Brewster, presidente ejecutivo de la empresa, estima que FairDocument reduce el tiempo necesario para realizar un plan de patrimonio sencillo de varias horas a tan sólo entre quince y treinta minutos, sin mencionar que la empresa está haciendo el trabajo de captación de nuevos clientes y distribuyéndolos entre los abogados.

Un ejemplo más sofisticado de intelectos sintéticos que traspasa los límites de la experiencia jurídica es la startup Judicata.[34] La empresa utiliza el aprendizaje automático y las técnicas de procesamiento natural del lenguaje para convertir texto normal –como principios jurídicos o casos concretos– en información estructurada que puede utilizarse para encontrar precedentes importantes. Por ejemplo, podría encontrar todos los casos en los que un empleado masculino, hispano y homosexual, interpuso una demanda por rescisión de contrato abusiva y obtuvo un fallo favorable, por medio de la lectura del texto real de las decisiones judiciales, lo cual ahorraría innumerables horas en una biblioteca jurídica o utilizando una herramienta de búsqueda electrónica más tradicional.

Otras startups abordan el proceso de valoración inicial de los casos, el procedimiento de descubrimiento de pruebas, el análisis y la elaboración de do-

[33] http://www.fairdocument.com, acceso el 29 de noviembre de 2014.

[34] https://www.judicata.com, acceso el 29 de noviembre de 2014.

cumentos y las investigaciones internas, los cuales requieren mucho tiempo.[35] Algunas hacen investigación jurídica propiamente dicha y aconsejan en la estrategia del caso, respondiendo preguntas como: «¿Cada cuánto tiempo ha dictado sentencia un juez a favor de los demandados en peticiones de traspaso o de juicio sumario?» y «¿en qué errores relativos a la propiedad intelectual han tropezado otros jueces?».[36]

Incluso algunas empresas están considerando que las máquinas del cuarto de atrás pasen a llevar una ficha de identificación. Piense en la empresa jurídica denominada ingeniosamente Robot, Robot and Hwang (robot, robot y Hwang). Sí, es una broma, pero la empresa es real. El socio minoritario, Tim Hwang, es licenciado por la universidad de Harvard y doctor en derecho por la universidad de California, en Berkeley. En su página web dice que la empresa «intenta ordenar el universo de pensamiento del mundo de la tecnología, startup e informática que tiene que ver con el mundo jurídico, frecuentemente serio y conservador».[37]

A pesar de los esfuerzos de la profesión jurídica por proteger la subsistencia de sus miembros, una cifra cada vez mayor de startups está ignorando las restricciones sobre cómo y por quién puede ejercerse la ley, por medio de la oferta de lo que equivale a un asesoramiento jurídico automatizado presentado en distintas formas en Internet. Por ejemplo, pueden dar empleo a un pequeño grupo de abogados para que revisen la exactitud de los documentos antes de entregárselos al cliente. Sin embargo, la mayoría de estas startups ofrece un formato distinto, por medio del cual se presentan los profesionales individuales a los clientes, se establece una relación profesional (y de facturación), y desempeñan sus funciones con el amplio apoyo automatizado que brinda la empresa.

Al ofrecer a los abogados la opción de trabajar desde casa, evitan el gasto de una oficina, y al reducir los costes por la sustitución de sistemas informáticos sofisticados por asistentes legales capacitados, estas oficinas jurídicas virtuales ofrecen una opción atractiva para los profesionales que buscan una mayor independencia y control de su trabajo. Obviamente supone una oportunidad excelente para los graduados que no son capaces de conseguir un puesto de nivel principiante en una empresa tradicional, pero también es interesante para los socios con experiencia que están cansados de las políticas de oficinas o de ceder una gran proporción de su facturación a las empresas. Estas tendencias están provocando la disminución del coste de la asistencia legal de alta calidad, al mismo tiempo que mejoran el acceso a millones de clientes potenciales.

Aunque las facultades de derecho no se detienen. Por ejemplo, un curso reciente de informática jurídica en la universidad de Stanford es ofrecido con-

[35] Por ejemplo, http://logikcull.com, acceso el 29 de noviembre de 2014.
[36] https://lexmachina.com/customer/law-firms/, acceso el 29 de noviembre de 2014.
[37] https://www.robotandhwang.com, acceso el 29 de noviembre de 2014.

juntamente por las facultades de derecho e informática. La descripción del curso, en parte, dice: «¿Qué función desempeñarán los abogados cuando el asesoramiento personalizado sea proporcionado en Internet de manera tan sencilla como un capuchino en una máquina expendedora? Inscríbase para ver un anticipo de cómo será su trabajo dentro de cinco años».

Si resulta menos interesante hacerse abogado, ¿qué ocurre con los médicos? Los días del médico rural hace mucho que pasaron a la historia, pero la tecnología de la información también está transformando la naturaleza de los profesionales médicos de formas sorprendentes.

El cambio principal es el reconocimiento creciente de que las artes médicas no son artes en absoluto, sino una ciencia que funciona mejor con estadísticas y datos que con intuición y opinión. En épocas pasadas, al menos era plausible que alguien pudiera absorber una parte razonable de los conocimientos médicos mundiales y aplicarlos a los casos que se presentaban. Sin embargo, durante el último medio siglo aproximadamente, a medida que ha quedado claro que la avalancha de investigaciones, ensayos clínicos y el aumento del conocimiento de la forma de funcionar de nuestros cuerpos (y mentes) excedían la comprensión de un único individuo, el campo se ha dividido en una infinidad de especialidades y prácticas. Hoy en día, su médico de cabecera es más un agente de viajes hacia el terreno de los especialistas que un cuidador, excepto para enfermedades simples.

No obstante, los costes ocultos de este planteamiento «divide y vencerás» de la asistencia médica están a punto de quedar exhaustivamente claros. Cada vez resulta más complicado coordinar las actividades de varios profesionales en un plan de acción lógico, por dos razones. En primer lugar, nadie conoce el panorama global, e incluso si no fuera así normalmente no poseen los conocimientos detallados necesarios para formular el mejor plan de acción. En segundo lugar, los especialistas suelen tratar las condiciones concretas o las partes del cuerpo para las que se han formado, sin contemplar adecuadamente los efectos secundarios ni las interacciones con otros tratamientos que pudiera estar recibiendo el paciente. En mi opinión, actualmente la medicina evoca la imagen de un cuadro del Bosco con diablos diminutos empuñando horcas que ocasionan sus propias formas exclusivas de dolor.

Como paciente, usted preferiría idealmente que le tratara un superdoctor, experto en todas las especialidades y que se mantuviera al tanto de la información médica más actual y las mejores prácticas. Pero naturalmente dicho ser humano no existe.

Ponga el programa de Watson de IBM. Recién conseguida su victoria en *Jeopardy*! frente a los campeones Brad Rutter y Ken Jennings, Watson fue reestructurado de inmediato para afrontar este nuevo desafío. En 2011, IBM y WellPoint, gestor de prestaciones de asistencia sanitaria de mayor tamaño del país, iniciaron una colaboración para aplicar la tecnología de Watson con el objetivo de ayudarles a mejorar la asistencia a los pacientes. El anuncio dice:

«Watson puede examinar cuidadosamente el equivalente a alrededor de un millón de libros o casi 200 millones de páginas de datos y analizar esta información para ofrecer respuestas precisas en menos de tres segundos. Gracias a esta capacidad extraordinaria, se espera que WellPoint haga posible que Watson permita a los doctores coordinar de manera sencilla los datos médicos programados en Watson con factores concretos de los pacientes, a fin de ayudarles a identificar el diagnóstico más probable y las opciones de tratamiento en los casos complejos. Cabe esperar que Watson sea una herramienta poderosa en el proceso de toma de decisiones de los médicos».[38] Como sucedió en su incursión original en la IA hace cincuenta años, IBM todavía tiene cuidado de no herir la susceptibilidad de las personas cuyos boles de arroz está rompiendo, pero la herramienta de apoyo al proceso de toma de decisiones es otro billete de entrada a la fila del paro.

A nadie le agrada la idea de que su área sea demasiado grande y veloz como para dominarla. Y es muy posible que los doctores en concreto no tengan la gentileza de ceder el control del tratamiento de sus pacientes a intelectos sintéticos. No obstante, con el tiempo, cuando los resultados demuestren que es la mejor opción, los pacientes pedirán ver al robot atento, no al médico ocupado, por una tarifa muy inferior, al igual que hoy en día mucha gente prefiere que cuente su dinero un cajero automático a uno humano.

Los doctores y los abogados no son los únicos profesionales que tienen mucho por lo que preocuparse; existen muchos otros. Por ejemplo, los pilotos comerciales actuales, altamente cualificados, deberían volar en pocas ocasiones, sobre todo si tienen en cuenta los intereses de sus pasajeros. Los errores de los pilotos son con creces la causa principal de accidentes fatales, en torno al 50 por ciento en los últimos cincuenta años, a pesar de las mejoras espectaculares en seguridad aérea.[39] Como referencia, los fallos mecánicos solamente tienen la culpa en el 20 por ciento de los sucesos. Los pilotos automáticos de los aviones hoy en día están tan desarrollados que se exige a los pilotos que los utilicen en algunas condiciones, en lugar de pilotar ellos mismos.[40] Quizás le tranquilice saber que un piloto cualificado está preparado en la cabina de mando por si ocurre algún problema, excepto si se siente deprimido y decide estrellar el avión, como ha pasado en al menos tres accidentes de vuelos comerciales registrados en los últimos veinticinco años, en los que fallecieron todas las personas que iban a bordo.[41]

[38] Michael Loughran, IBM Media Relations, «WellPoint and IBM Announce Agreement to Put Watson to Work in Health Care», 12 de septiembre de 2011, https://www-03.ibm.com/press/us/en/pressrelease/35402.wss.

[39] http://www.planecrashinfo.com/cause.htm.

[40] http://en.wikipedia.org/wiki/Autoland, última modificación el 25 de diciembre de 2014.

[41] Terrence McCoy, «Just How Common Are Pilot Suicides?» Washington Post, 11 de marzo de 2014, http://www.washingtonpost.com/news/morning-mix/wp/2014/03/11/just-how-common-are-pilot-suicides/?tid=pm_national_pop.

Debería resultar obvio que las tecnologías son capaces de reemplazar a maestros y profesores en una amplia variedad de escenarios. La expresión de moda actual para ello es «aula invertida»: los alumnos ven las clases y aprenden el material en línea desde casa, y después hacen los deberes en el colegio con la ayuda de los maestros y asistentes docentes. Los profesores ya no necesitarán preparar ni dar clases, lo que reducirá su trabajo al de «instructor de aprendizaje». La reducción de las habilidades requeridas seguramente transformará la profesión y conllevará todavía más desafíos para nuestros ya atormentados maestros.

Pero son ejemplos anecdóticos. ¿Cuántas profesiones comenzarán a estar sujetas a la automatización en la próxima década más o menos? Es una pregunta complicada de responder, pero un grupo de investigadores de la universidad de Oxford ha adoptado valerosamente un enfoque cuantitativo, que ajusta las tecnologías a corto plazo con las capacidades laborales necesarias para los 702 empleos detallados por la BLS. El informe del análisis, extraordinariamente minucioso y revelador, de los investigadores afirma que un 47 por ciento del empleo total en Estados Unidos presenta un riesgo elevado de sufrir una automatización significativa en una amplia gama de profesiones, tanto empleos administrativos como manuales. Concretamente consideran los «avances en los campos del aprendizaje automático, que incluyen extracción de datos, visión artificial, estadística computacional y otras subáreas de la inteligencia artificial, además de la robótica móvil» como motores clave de estas tendencias.[42] De esta manera, increíblemente la mitad de la mano de obra más o menos está en peligro de ser sustituida por una máquina en el futuro próximo.

¿Qué se hará con todos esos empleados sobrantes con aptitudes obsoletas? Debemos enseñar nuevos trucos a los perros viejos, pero no cualquier truco; trucos por los que los empleadores paguen por ser llevados a cabo. Y las únicas personas que saben seguro cuáles son esos trucos son los propios empleadores.

Con respecto a la formación profesional, estamos cometiendo dos errores. El primero depende principalmente de las escuelas tradicionales, que deben decidir lo que enseñan a los alumnos. Nuestros centros educativos autorizados no destacan por su grado de reacción a las tendencias económicas, y los directores que desarrollan los planes de estudios por lo general no se encuentran sobre el terreno, ni se mantienen al tanto de las habilidades innovadoras que van a ser más valiosas para la economía, aunque podrían hacerlo si quisieran. A mí me parece un misterio el motivo por el cual mis hijos deben aprender caligrafía, cálculo y francés en el instituto, en lugar de habilidades más prácticas

[42] Carl Benedikt Frey y Michael A. Osborne, «The Future of Employment: How Sus- ceptible Are Jobs to Computerisation?» Oxford Martin School, Universidad de Oxford, 17 de septiembre de 2013, http://www.oxfordmartin.ox.ac.uk/downloads/academic/ The_Future_of_Employment.pdf.

como mecanografía, estimación estadística y chino (sin embargo, la lectura y la escritura sí tienen sentido).

Desde luego, no todas las decisiones educativas deberían estar motivadas por las posibilidades de empleo. Aprender y formarse no es lo mismo. Tiene mucho valor cultivar ciudadanos polifacéticos, conocedores de la historia, elocuentes y amables. Pero aparte de un conjunto de bases, que en mi opinión no exige nada más que memorizar filas de la tabla periódica o hacer diferenciales parciales, los contenidos deberían orientarse a la preparación de los alumnos con aptitudes útiles y con salidas. Debemos poner el centro de atención en la formación vocacional, no vacacional.

El segundo error es el supuesto tácito de que primero uno va a la escuela, y cuando termina consigue un trabajo. Tenía sentido cuando los empleos y las capacidades cambiaban de una generación a otra, pero no lo tiene en los rápidos mercados laborales de la actualidad. Estas dos fases de la vida tienen que intercalarse encarecidamente, o como mínimo la posibilidad de adquirir nuevas habilidades debe ser explícita y omnipresente.

El camino para abordar ambos problemas es a través de una política económica liberal. La cuestión lógica relativa a la recapacitación de los trabajadores con aptitudes obsoletas es quién lo va a pagar. La respuesta, igualmente obvia, es aquellos que obtienen el mayor beneficio: los propios empleados. Pero ¿cómo pueden los desempleados con poca suerte encontrar y pagar la formación que se ajuste a sus capacidades y suponga un valor real para los empleadores?

Al igual que tenemos tipos especiales de préstamos que intentan fomentar y respaldar la propiedad de viviendas, necesitamos desarrollar un sistema de préstamos para formación vocacional que suponga una relación similar con los activos a los que se dirige; en este caso, el empleo, en lugar de las casas. Cuando obtiene una hipoteca, el gobierno o banco en el que se origina no paga el préstamo; lo hace usted. Si surge un problema, como que su casa se incendia o simplemente usted no puede hacer frente a los pagos, puede marcharse y perder sólo el anticipo porque la mayoría de las hipotecas son préstamos sin posibilidad de recurso, lo que significa que la única garantía que se ofrece al prestamista en caso de incumplimiento es la propiedad en sí. Hoy en día, abandonar una casa porque no puede (o no va a poder) hacer frente a los pagos mensuales es doloroso, sin duda alguna. Tanto usted como el prestamista poseen todos los incentivos para asegurarse de que usted presenta un riesgo crediticio bien fundamentado. Además, ambas partes tienen el aliciente de garantizar que la propiedad vale el precio que se paga (o al menos vale lo suficiente como para cubrir el préstamo con un margen de seguridad). Por este motivo, los prestamistas requieren una tasación que respalde el valor de mercado actual de la casa antes de consolidar una hipoteca.

Pueden aplicarse principios similares a un préstamo de formación vocacional. Para simplificar, vamos a llamarlo hipoteca laboral. Es sólo una forma en la que podría funcionar, aunque existen muchas variaciones que podrían ser igual o más eficaces. Para conseguir una hipoteca laboral debe obtener el respaldo de un empleador potencial –quizás aquel para el que ya trabaja–, de la misma manera que solicitaría una hipoteca para una propiedad en particular. Pero, en este caso, el empleador no promete contratarle, ni usted aceptar el puesto de trabajo concreto, aunque es lógico esperar que, si todo va bien, posiblemente ocurra. En realidad, usted está solicitando un empleo futuro, y el empleador está entregando una carta de intenciones, que asegura que tiene (o tendrá) la necesidad real de contratar a alguien como usted para el puesto en un período razonable de tiempo.

Como el empleador, que se supone que tiene problemas para encontrar trabajadores con las habilidades adecuadas, solamente puede ofrecer tanta financiación como puestos haya disponibles, existe un límite natural en el número de personas que pueden conseguir hipotecas laborales. Los empleadores que cumplen sus promesas logran ventajas fiscales (por ejemplo, la desgravación de impuestos sobre nóminas para el puesto durante los primeros seis meses), lo que incentiva su participación en el programa. Por otra parte, puede valorarse la imposición de sanciones a los empleadores que emitan estas cartas de intenciones a diestro y siniestro y no continúen hasta el final, dentro de unos límites estadísticos. Una manera simple de lograrlo es exigir que los empleadores publiquen un límite modesto, que se dé a conocer al ocupar el puesto. Además, los empleadores deberán certificar que el curso de formación concreto –posiblemente incluso uno que ellos mismos ofrezcan– tiene como objetivo las habilidades necesarias.

Las inscripciones en las instituciones formativas se ajustarán naturalmente al tamaño del grupo de puestos de trabajo disponibles en el mercado porque dependen en gran medida de estos préstamos para financiar sus programas. También se incentiva a que sigan profundamente concentrados en las capacidades correspondientes; de lo contrario, los empleadores no aceptarán la formación como satisfactoria para sus necesitados. Como consecuencia, no hay necesidad de acreditación gubernamental formal de dichos programas; de hecho, el sistema está autorregulado.

Para el empleado potencial, la clave es que el préstamo se devuelve solamente a partir de los ingresos percibidos; está garantizado por los sueldos futuros. Los pagos estarían limitados a un porcentaje de los ingresos –por ejemplo, el 25 por ciento del salario neto–, con una esencia similar al modo en el que los prestamistas hipotecarios imponen una cantidad a pagar en proporción a los ingresos para sus préstamos. Y es necesario tener una válvula de descarga en caso de que haya problemas. Por ejemplo, los pagos mensuales se limitan o aplazan si el salario neto es inferior al 150 por ciento del umbral de pobreza determinado por el gobierno. Como el préstamo se paga exclusivamente a partir de los ingresos obtenidos, los pagos se suspenden de manera efectiva (aunque el interés se acumula) si el trabajador está desempleado por cualquier motivo, y el préstamo se reamortiza de forma automática.

¿Qué sucede si la formación no es satisfactoria, el puesto de trabajo no está disponible (ni se dispone de otro empleo apropiado) o el estudiante decide simplemente no trabajar? Del mismo modo que en la hipoteca inmobiliaria, el estudiante sigue teniendo la responsabilidad de devolver una parte del préstamo –por ejemplo, un 20 por ciento (anticipo habitual en el caso de una casa)–, independientemente de los ingresos obtenidos, después de un período de gracia para acabar con el desempleo. Es el modo en el que se gestiona hoy en día el riesgo hipotecario, y funciona bien.

Existen muchos detalles que tienen que complementarse, pero la idea básica es crear un tipo nuevo de instrumento financiero –la hipoteca laboral– por medio de regulaciones y políticas para sustituir o complementar el sistema actual, que esencialmente no funciona, de préstamos estudiantiles, que en muchos casos suponen una carga para víctimas inocentes de deudas que no pueden permitirse con el objetivo de conseguir una formación deficiente en universidades con ánimo de lucro, creadas con el propósito principal de recaudar dinero a partir de préstamos gubernamentales, con un escaso nivel de responsabilidad en relación con resultados. La mayor parte de los intentos actuales de abordar este problema fijan su centro de atención en universidades aduladoras para realizar un trabajo mejor por medio de clasificaciones y otros incentivos, aunque recientemente el gobierno ha tomado una posición más firme en relación con las prácticas abusivas llevadas a cabo por instituciones con ánimo de lucro, que exigen ciertos índices de graduación y posibilidades de empleo.[43] No obstante, gracias a la creación de incentivos económicos adecuados para empleados, prestamistas y formadores, por medio de políticas públicas apropiadas, podemos simplificar el proceso de adquisición de capacidades y recapacitación práctica y humana, además de manera mucho más eficaz que en la actualidad.

El concepto de hipoteca laboral es una versión modernizada de libre mercado del antiguo modelo de formación o prácticas. El beneficio principal es que separa parcialmente la formación del empleador o el puesto concreto, lo que supone una gran ventaja tanto para el empleador como el empleado. En lugar de ser implícitamente un trabajo no abonado en puestos de formación mal pagados, que efectivamente obliga a las empresas a llevar a cabo sus propios pequeños negocios educativos y en los que los trabajadores continúan sin ser empleados o se encuentran en puestos inadecuados, las personas pueden aplicar las habilidades que acaban de adquirir donde sean más valoradas, mientras que los empleadores pueden partir de un grupo amplio de trabaja-

[43] «Fact Sheet on the President's Plan to Make College More Affordable: A Better Bar- gain for the Middle Class», comunicado de prensa, Casa Blanca, 22 de agosto de 2013, http:// www.whitehouse.gov/ the-press-office/2013/08/22/fact-sheet-president-s-plan-make-college-more-affordable-better-bargain-.

dores altamente cualificados. Se trata únicamente de la función lubricante que se supone que el dinero desempeña en la economía. Me parece un misterio el motivo por el que tratamos las cualificaciones profesionales de forma diferente a otros activos, como alguna clase de sistema de trueque medieval, con un gran coste para la sociedad. Si las personalidades de ligas mayores del mundo del deporte pueden titularizar sus ingresos futuros, ¿por qué no puede hacer lo mismo una persona de a pie?[44]

Mi concepto concreto de hipoteca laboral es nuevo, pero el planteamiento base no lo es. Milton Friedman, director de la facultad de económicas de Chicago, redactó un ensayo titulado *La función del gobierno en la educación* en 1955, en el que diferenciaba entre la educación general para la ciudadanía y la educación vocacional o profesional. Recomendaba que la última debía estar sujeta al análisis como inversión, de manera similar a los activos físicos, y que las políticas gubernamentales tenían que fomentar la inversión (en lugar de los subsidios) en dicha formación. Como señalaba, «el individuo aceptaría a cambio de pagar al gobierno en cada año futuro un X por ciento de sus ingresos que superasen Y dólares por cada 1.000 $ que consiguiera. Una alternativa –muy atractiva si es factible– es fomentar los acuerdos privados destinados al mismo fin».[45]

Y, de hecho, actualmente se están dando algunos pasos provisionales en el sector privado en esa dirección.[46] Por ejemplo, Education Equity Inc., ubicada en Chicago, ofrece préstamos vinculados a los ingresos a los alumnos que se inscriban en ciertos programas autorizados, aunque a pequeña escala por ahora.[47]

Con esta perspectiva, vamos a volver brevemente a los problemas que mi antiguo empleado, Emmie Nastor, se ha encontrado. Desde mi punto de vista, el sistema educativo no surtió ningún efecto en su caso. Parece que su licenciatura en empresariales tiene poco valor práctico, al menos desde el punto de vista de la dotación de aptitudes por las que los empleadores están dispuestos a pagar en el mercado laboral local. Según consta, menos de la mitad de los alumnos de la universidad estatal de San Francisco se gradúa en seis años,

[44] Daniel Kaplan, «Securitization Era Opens for Athletes, Sports Business Daily, 12 de marzo de 2001, http://www.sportsbusinessdaily.com/Journal/Issues/2001/03/20010312/ This-Weeks-Issue/ Securitization-Era-Opens-For-Athletes.aspx.

[45] http://www.edchoice.org/The-Friedmans/The-Friedmans-on-School-Choice/ The-Role-of-Government-in-Education-%281995%29.aspx, 1955.

[46] Puede ver el análisis de una política reciente en «Investing in Value, Sharing Risk: Financing Higher Education Through Income Share Agreements» de Miguel Palacios, Tonio DeSorrento y Andrew P. Kelly, Series AEI sobre la reinvención de la ayuda financiera, Centro de Reforma Educativa Superior, American Enterprise Institute (AEI), February 2014, http://www.aei.org/wp-content/uploads/2014/02/-investing-in-value-sharing-in-risk-financing-higher-education-through-inome-share-agreements_083548906610. pdf.

[47] George Anders, «Chicago's Nifty Pilot Program to Fix Our Student-Loan Mess»,Forbes, 14 de abril de 2014, http://www.forbes.com/sites/georgeanders/2014/04/14/chicagos-nifty-pilot-program-to-fix-our-student-loan-mess/.

y menos de la mitad de ellos consigue un empleo a tiempo completo en los seis meses siguientes a su graduación (no he podido encontrar estadísticas oficiales sobre este tema publicadas por la universidad).[48] Aun así, tiene pocos incentivos además de la clientela y el renombre comercial para controlarlo, y muchísimo menos solucionarlo, siempre que los alumnos estén dispuestos a asistir y pagar (o solicitar préstamos para pagar). Si para llenar sus clases la universidad tuviera que cumplir las expectativas colectivas de los empleadores locales, cuya motivación y deseo son que el centro forme a candidatos cualificados, resulta evidente que el sistema llegaría rápidamente a un equilibrio.

El calentamiento global es una carga, pero nosotros no. La mayoría de los animales no tienen la inteligencia innata para pensar en su escapatoria frente a los cambios del hábitat, pero nosotros sí. La creciente evolución de nuestro ecosistema laboral, impulsada por los avances tecnológicos constantes, nos obliga a adoptar una nueva perspectiva en el modo en que preparamos a nuestros jóvenes, e incluso a nosotros mismos, para unas vidas productivas y fructíferas.

El exceso de trabajadores y las habilidades obsoletas son una consecuencia de la aceleración del progreso económico, al igual que los gases causantes del efecto invernadero seguramente, y los posibles daños a nuestro ecosistema laboral global merecen un nivel de atención comparable al del cambio climático. Los motores de la prosperidad, impulsados por la innovación, son hermosos de observar, a no ser que usted casualmente se encuentre al lado del tubo de escape. El reciclaje de nuestro ingenio natural, junto con nuestros recursos naturales, sin duda proporcionará beneficios para todos.

[48] Allen Grove, «San Francisco State University Admissions», sobre educación, acceso el 29 de noviembre de 2014, http://collegeapps.about.com/od/collegeprofiles/p/san-fran cisco-state.htm; and http://colleges.niche.com/san-francisco-state-university/jobs–and–internships/, acceso el 29 de noviembre de 2014, que proporciona una calificación de C+ a la escuela en su campo.

CAPÍTULO 9

La solución está dentro

Es el día de la Super Bowl LIX (2025). Los Seattle Seahawks llegan al campo y resultan afortunados al lanzar la moneda al aire. Su nuevo titular debutante se aproxima al balón y le propina una fuerte patada. Para sorpresa de todos, el balón vuela perfectamente por el aire y cruza el centro exacto de la portería del equipo contrario, la primera vez que se produce un gol de campo a partir del saque inicial en la historia de NFL.[1] ¡El público se vuelve loco! Después de dos *downs* más, los Seahawks vuelven a conseguir la posesión del balón en la línea de cincuenta yardas. Intentan otro gol de campo, en lugar de la línea de ataque habitual para llevar el balón hacia abajo por el campo. El balón pasa perfectamente y sin esfuerzo por la portería de nuevo. ¡Tres puntos! Y una vez más. Y otra. El público cada vez está más impaciente porque el partido no transcurre como se esperaba. Después de marcar treinta goles de campo consecutivos, habiendo lanzado un único pase, los Seahawks alzan el trofeo mientras el público les abuchea en el campo.

Todos saben que algo ha ido horriblemente mal, pero no están seguros de qué. Abundan las teorías de que el nuevo titular de los Seahawks ha sido modificado genéticamente de algún modo, de que Jesús ha vuelto por fin y vive en Seattle, de que todo el acontecimiento es una casualidad estadística anormal debido al calentamiento global.

Rápidamente sale a la luz que el equipo ha probado la primera zapatilla inteligente ligera para la realización de tiros. Cumple con la normativa actual de NFL, aunque guía exactamente el pie del pateador a la posición óptima. El jugador, sin la necesidad de tener que apuntar, simplemente mueve la pierna todo lo fuerte que puede, y la energía empuja el balón un 50 por ciento más de lo normal al lugar exacto al que se supone que debe ir.

Supone un debate público escandaloso y estridente, y la gente se divide en cuatro bandos muy tendenciosos. Los conservadores creen en la inviolabilidad de las normas y regulaciones actuales. Han funcionado bien desde que las recuerdan y son perfectas así. Si los equipos quieren innovar, no deberíamos

[1] En realidad, las normas dicen que es un *touchback*, no un gol de campo, pero permítame cierta libertad con propósitos dramáticos.

obstaculizar su espíritu creativo. Siempre que haya igualdad de condiciones y esté permitido que todos los equipos desarrollen tecnologías similares, las cosas serán como deben. Si un equipo no puede permitirse el desarrollo de su propia zapatilla inteligente, se tratará de la supervivencia del más fuerte. Mala suerte.

A decir verdad, los conservadores sospechan que todos los cambios de normas, o la mayoría, desde que se creó NFL en 1920 sólo han empeorado las cosas. Pregonan varios estudios de comités de expertos de Washington en los que analizan los deportes, respaldados por una turbia red de antiguos jugadores millonarios que intentan evitar que sus respectivos récords mundiales sean superados como consecuencia de alguna modificación de las reglas. La campaña consolidada de relaciones públicas de la asociación sin ánimo de lucro «Estadounidenses por la libertad del calzado» promueve el eslogan «Dé una patada a los burócratas, no a los innovadores» en anuncios televisivos que muestran a equipos con grilletes tropezando por el campo. Representan a los recaudadores de fondos oficiales «Foot ball» de todo el país para los donantes acaudalados.

Los liberales fijan su centro de atención en la justicia. No quieren evitar el progreso, pero tampoco quieren que unos equipos posean una ventaja duradera frente a otros que se queden constantemente rezagados. Afirman que las zapatillas deberían estar permitidas, pero las porterías de los contrincantes para los equipos que las usan deberían estrecharse automáticamente mientras transcurre el partido con el objetivo mantener el número de goles de campo en la media.

Un consorcio flexible de empresas de relaciones públicas inicia una campaña de interés público llamada «IntegRITy» (integridad), pero nadie imagina qué se supone que significa RIT. Se organiza un concierto benéfico «Por la salvación de nuestras deportivas», con la actuación de estrellas musicales benefactoras conocidas, para sensibilizar del problema y recaudar fondos con el fin de instalar las complejas porterías electrónicas de alta tecnología en escuelas y estadios de todo el mundo, pero resulta que ninguna persona con un título inferior al de máster sabe cómo funcionan. Gracias a la recaudación de más de 100 millones de dólares, las empresas anuncian con orgullo que se estima que esto cubra un 0,5 por ciento de los campos de fútbol cualificados.

Los fundamentalistas piensan que todo lo nuevo debería prohibirse. Generalmente idealizan un pasado fantasioso, en el que la vida era simple y maravillosa antes de que las influencias modernas lo corrompieran. Los más extremistas creen que, por si acaso, debería exigirse a todos los jugadores jugar sin zapatillas, de la manera prevista por Dios. Aprovechando la red organizada de grupos eclesiásticos, los fundamentalistas inician una campaña «Por la prohibición de las botas». Llevan a ciudadanos mayores ofendidos en autobús para que participen en protestas ruidosas antes de todos los partidos profesionales de fútbol, que alientan un boicot público, tras los cuales reciben entradas gratis y cupones para bebidas.

Los progresistas tienen un punto de vista diferente. Consideran que el objetivo del juego es servir al interés público por medio de la organización de una competición basada en la habilidad que entretiene a una audiencia amplia y, al mismo tiempo, inspira a los atletas de cualquier parte del mundo a hacerlo lo mejor posible. Si hay que alterar las normas ocasionalmente como respuesta a los nuevos desarrollos para lograr este objetivo, no hay ningún problema. De hecho, es el deber principal de los directivos electos de NFL.

Si se presiona a los conservadores razonables, los liberales y los fundamentalistas, se ponen de acuerdo a regañadientes con los progresistas. Discrepan en el motivo por el cual las cosas se han complicado desde el principio, pero una vez que ha ocurrido debe hacerse algo para devolver la diversión al juego. No obstante, su queja es que los progresistas todavía tienen que proponer una idea factible y mínimamente aceptable para todo el mundo, distinta a la de invertir más en educación pública para enseñar a los jugadores a patear mejor en los institutos.

Soy partidario del progresismo económico. No creo que debamos jugar con las cosas por capricho, pero el objetivo de nuestra economía es servir al interés público, no al contrario. Ninguno de nosotros –ricos, pobres, diligentes, perezosos, intrépidos o habituados– quiere vivir en un mundo en el que los miembros de un pequeño conjunto de multimillonarios puedan tenerlo todo, mientras las masas padezcan la miseria en silencio. Los motores de la prosperidad pueden seguir adelante y acercarse a los parámetros estadísticos de la riqueza y la abundancia agregadas, pero si hay más personas que tienen vidas empobrecidas e infelices no estamos midiendo lo correcto. Los ingresos medios pueden continuar creciendo, el producto nacional bruto puede aumentar, el recuento de concesionarios de Tesla puede duplicarse, pero si el pasatiempo nacional es echar un vistazo a las webs de oportunidades de trabajo en busca de un trabajo adicional a tiempo parcial, estamos avanzando en la dirección equivocada.

Varios estudios económicos han descubierto que el nivel de felicidad global es mayor cuando las disparidades económicas de la sociedad se minimizan, incluso después de controlar todos los factores conocidos restantes.[2] En concreto, el rango de ingresos está correlacionado más estrechamente con una satisfacción menor que el nivel total de riqueza después de sobrepasar un umbral de riqueza mínimo. Si usted es escéptico, tenga en cuenta que los ingresos medios y el porcentaje de población que trabajaba en la agricultura en Estados Unidos en 1800, actualizados por la inflación, fueron prácticamente los

[2] Alberto Alesina, Rafael Di Tella y Robert MacCulloch, «Inequality and Happiness: Are Europeans and Americans Different?» Journal of Public Economics 88 (2004): 2009–42.

mismos que los de Mozambique y Uganda hoy en día.[3] No cabe duda que la mayor parte de las personas en la época de Thomas Jefferson pensaban que eran terriblemente pobres.

Varios teóricos destacados han dedicado sus carreras a documentar las disparidades cada vez mayores de los ingresos y la riqueza en Estados Unidos y estudiar sus motivos, así que no voy a entretenerle con estadísticas.[4] El relato corto es que desde el final de la Segunda Guerra Mundial la economía del país ha crecido de manera bastante continua y con pocas irregularidades (sobre todo, en los últimos quince años). Antes de 1970 aproximadamente, estos beneficios se compartían equitativamente entre ricos y pobres. Sin embargo, desde esa época casi todas las ganancias han ido a parar a las personas acaudaladas, y los pobres se han quedado atrás.

Una breve analogía puede resultar útil para que se haga una idea de la naturaleza y el alcance de este cambio y sus consecuencias.[5] Imagine una ciudad con cien familias cuya fuente principal de ingresos es unas 400 hectáreas de huerto de árboles frutales. En 1970, las cinco familias más pudientes poseían una media de 12 hectáreas de árboles frutales cada una, mientras que las veinte familias más pobres poseían solamente algo más de 1 hectárea cada una; una gran diferencia. Una persona que visitaba la ciudad veía diversos establecimientos típicos en el centro, como una casa de comidas, una zapatería y una mercería.

En 2010, se habían añadido más de 320 hectáreas adicionales a las tierras productivas de cultivo de la ciudad; un incremento considerable del 80 por ciento de la riqueza total. Pero entonces las cinco familias más pudientes poseían una media de 28 hectáreas de árboles frutales cada una –más del doble que antes–, mientras que las más humildes seguían con sólo 1 hectárea cada una. Lo curioso es que, aunque una familia media actualmente cultiva unas 7 hectáreas (4, en 1970), la mitad de la ciudad está luchando por sobrevivir con menos de 3,25. De manera más evidente, la familia más acaudalada de la ciudad en la actualidad posee 145 hectáreas, el 20 por ciento de las tierras pro-

[3] Concretamente, los ingresos medios en Estados Unidos fueron de 1.000 $ anuales en 1800 (en dólares actuales), y alrededor de un 80 por ciento de la población trabajaba en la agricultura. Estas cifras son casi idénticas a las de Mozambique (http://feedthefuture.gov/sites/default/files/country/strategies/files/ftf_factsheet_mozambique_oct2012.pdf, accesso el 29 de noviembre de 2014) y Uganda en nuestros días (http://www.farmafrica.org/us/uganda/uganda, accesso el 29 de noviembre de 2014). Los datos de los ingresos proceden de la tabla de datos mundiales «GNI per Capita, PPP (Current International $)», accesso el 29 de noviembre de 2014, http://databank.worldbank.org/data/views/reports/tableview.aspx#.

[4] Por ejemplo, Robert Reich (http://en.wikipedia.org/wiki/Robert_Reich, modificado por última vez el 31 de diciembre de 2014); Paul Krugman (http://en.wikipedia.org/wiki/Paul_Krugman, modificado por última vez el 12 de diciembre de 2014); y el reciente y prestigioso libro de Thomas Piketty, Capital in the Twenty-first Century (Cambridge, Mass.: Belknap, 2014).

[5] Esta analogía se apoya principalmente en los datos sobre ingresos del censo de Estados Unidos (http://www.census.gov/hhes/www/income/data/historical/families/index.html,modificado por última vez el 16 de septiembre de 2014).

ductivas de cultivo de la ciudad. En resumen, las tierras adicionales cayeron de forma desproporcionada en manos de los que ya eran ricos, hasta el punto que la mitad de los menos afortunados de la ciudad no consiguió prácticamente nada.

Un visitante que ha vuelto a la ciudad tras cuarenta y cinco años sin ir se da cuenta de la notable transformación. Lo que un día fue un conjunto de tiendas ordinarias, ahora ostenta establecimientos exclusivos con los últimos productos de lujo. La casa de comidas de la ciudad ha cerrado porque muy poca gente podía permitirse salir a comer fuera, y en su lugar hay un restaurante de alta cocina, que es frecuentado casi exclusivamente por las veinte familias más ricas. Los escaparates que solían exhibir botas de agua, ahora muestran zapatos de diseño, y la mercería se ha convertido en una boutique de alta costura. Unas mejoras excelentes; ¡los habitantes deben de estar encantados! Desgraciadamente, lo que el visitante no aprecia es que la mayor parte de los residentes nunca va a esas tiendas. En lugar de eso, tienen que ir en coche a un Walmart a ochenta kilómetros para comprar a granel los alimentos básicos de la semana que pueden permitirse.

Las grandes disparidades en la calidad de vida son una vergüenza pública, y debemos arreglarlo.

Soy lo suficientemente mayor como para recordar cuando ser rico significaba tener un televisor en color y ser pobre, que solamente podía permitirse uno en blanco y negro. Aparte de eso, la gente generalmente iba a las mismas escuelas (públicas), comía en los mismos restaurantes y esperaba las mismas colas en Disneyland. Pero ni siquiera Magic Kingdom puede desafiar a la realidad económica. Según la información de la que dispongo, la opción Tour VIP de Disneyland se incorporó alrededor de 2010. Por entre 315 y 380 dólares extra por hora, obtiene su propio guía y acceso ilimitado a las filas Fastpass. Un comentario bastante conmovedor publicado en InsideTheMagic.net afirma: «Walt Disney nunca quiso que sus parques fueran sólo para personas ricas (...). Sueño con un día en el que la gente normal pueda caminar de nuevo por el medio de Main Street U.S.A.; en el que los niños, ricos y pobres, puedan darle un abrazo a Mickey o un beso a una princesa».

Para enfrentarnos al azote de esta desigualdad económica cada vez más grande resulta útil fijar un objetivo. Puede elegir su favorito; el mío es una distribución de los ingresos más o menos como la de 1970, cuando el 5 por ciento superior de las familias llevaba a casa unas diez veces más de media que el 20 por ciento inferior, en lugar de las veinte veces que vemos hoy en día. No es estupendo, pero está lo suficientemente cerca como para que el gobierno funcione. No defiendo en absoluto que tengamos que volver a las políticas económicas y sociales de esa época, que puede decirse que no ayudaban mucho en aquel entonces. El tipo impositivo marginal era demasiado elevado, la desigualdad racial estaba descontrolada, el agua y el aire estaban mucho más contaminados que en la actualidad (por lo menos en

Estados Unidos) y las empresas de tabaco promovían sus productos entre los niños.[6]

La historia reciente de Estados Unidos está repleta de ejemplos en los que el gobierno establece un objetivo de alto nivel en el fomento del bienestar social por medio de la implementación políticas razonables y lo hace realidad. Un ejemplo actual es el esfuerzo por estimular la propiedad de viviendas en Estados Unidos. Los estudios conforme avanza el tiempo, por no hablar del sentido común, sugieren que las comunidades en las que las personas poseen sus propias casas son más seguras, estables y atractivas para la inversión.[7] Desde 1918, momento en el que el Ministerio de Trabajo de Estados Unidos inició la campaña «Posea su propia vivienda», los gobiernos federales y estatales han fomentado este objetivo con políticas fiscales, normativas de entidades financieras y apoyo directo a los propietarios de viviendas.[8]

Como declaró el presidente Johnson en sus planes para la creación del Ministerio de Vivienda y Desarrollo Urbano (HUD, por sus siglas en inglés) en 1968, «la propiedad de una vivienda es un sueño y un logro deseados por la mayoría de estadounidenses. Sin embargo, siempre ha estado fuera del alcance de las familias con bajos ingresos del país. Ser propietario de una casa puede aumentar la responsabilidad y asegurar el lugar de una persona en su comunidad. El individuo que posee una vivienda tiene algo de lo que sentirse orgulloso y un buen motivo para protegerla y conservarla».[9]

Las motivaciones para las numerosas iniciativas relativas a la vivienda en apoyo de este noble objetivo son contradictorias cuanto menos. Muchos de estos programas tienen propósitos ocultos como subvencionar el sector inmobiliario, crear empleos en la construcción o, lo más notable, consagrar la segregación.[10] No obstante, el país ha hecho su trabajo. Desde 1900 hasta la ac-

[6] Recuerdo que de niño compraba paquetes de cigarrillos de chocolate (chocolatinas en forma de barritas cilíndricas y enrolladas en papel de fumar).

[7] Sin embargo, las tasas elevadas de propiedad de viviendas tienen consecuencias muy negativas en el empleo porque las personas no pueden desplazarse fácilmente con el fin de seguir los puestos de trabajo. Por ejemplo, vea David G. Blanchflower y Andrew J. Oswald, «The Danger of High Home Ownership: Greater Unemployment», documento informativo de Chatham House: The Royal Institute of International Affairs, 1 de octubre de 2013, http://www.chathamhouse.org/publications/papers/view/195033.

[8] Marc A. Weiss, «Marketing and Financing Home Ownership: Mortgage Lending and Public Policy in the United States, 1918–1989» Business and Economic History, 2.º ser., 18 (1989): 109–18, http://www.thebhc.org/sites/default/files/beh/BEHprint/ v018/p0109-p0118.pdf. Puede ver un estudio excelente en Michael S. Carliner, «Development of Federal Homeownership "Policy"», Housing Policy Debate (National Association of Home Builders) 9, n.º 2 (1998): 229–321.

[9] Lyndon B. Johnson: «Special Message to the Congress on Urban Problems: "The Crisis of the Cities"», 22 de febrero de 1968; Gerhard Peters y John T. Woolley, The American Presidency Project, http://www.presidency.ucsb.edu/ws/?pid=29386.

[10] El programa de seguros de la Administración Federal de Vivienda (FHA), creada en 1934, incluía una orden de que el barrio fuera homogéneo. La FHA suministró oportunamente los formularios necesarios para añadir cláusulas restrictivas racialmente. Charles Abrams, The City Is the Frontier (Nueva York: Harper and Row, 1965).

tualidad, la propiedad de viviendas ha aumentado un 40 por ciento, de modo que los propietarios ocupan casi dos de cada tres casas.[11]

Otra área con un éxito considerable es la de la reducción de la contaminación del aire y el agua en Estados Unidos. Desde que se creó la Agencia de Protección Ambiental de Estados Unidos en 1970, las mediciones agregadas de los contaminantes principales del aire (con la excepción notable del dióxido de carbono, que no se clasificó hasta 2009) han disminuido un considerable 68 por ciento, a pesar de que el PIB haya aumentado un 65 por ciento.[12] Como crecí en la ciudad de Nueva York a mediados de los años 60, creía que el color natural del cielo por la tarde era naranja amarronado, y la sabiduría popular por aquel entonces sostenía que vivir en la ciudad más grande del país era equivalente a fumar dos paquetes de cigarros al día (lo que, por cierto, no se consideraba un riesgo importante para la salud).

La mayor parte de esta mejora fue gracias a la regulación de los contaminantes (sobre todo, por la imposición de sanciones), normas para los fabricantes de equipos (como vehículos) y mejoras tecnológicas. Más recientemente, el intercambio de emisiones, más conocido como comercio de derechos de emisión, ha empezado a ganar terreno. Es un enfoque mucho más flexible y lógico porque utiliza las fuerzas del mercado para asignar los recursos de forma eficiente y sustituye un sistema rudimentario por un revoltijo de normas y controles centrales. La calidad del agua es más compleja debido a las diferentes mediciones de la pureza, pero por lo general muestra mejoras similares.

En el ámbito financiero, Estados Unidos tiene un antiguo objetivo que consiste en facilitar las condiciones de las personas mayores. Envejecer solía suponer, para la mayoría de las personas, vivir en la miseria. Cuando la vida laboral de una persona terminaba, se encontraba en condiciones económicas precarias.[13] No cabe duda de que contribuía de manera significativa a la muerte prematura. Sin embargo, aliviar el sufrimiento de nuestros mayores es más que altruismo; podría ser usted dentro de unos años, si tiene la suerte de vivir tanto. Nuestro sistema de Seguridad Social, adoptado poco después de la Gran Depresión en 1935, y la asistencia médica de bajo coste o gratuita (programas Medicare y Medicaid) supusieron pasos importantes en el abordaje de este problema. Además de estos programas obligatorios de ahorro público, existe una infinidad de políticas gubernamentales en EE. UU. que fomentan el ahorro para la jubilación a través del aislamiento de activos en las cuentas personales, como las cuentas de jubilación individuales.

No obstante, el mayor logro ha tenido lugar en la sanidad pública. En este caso, la medida es clara e individual: un hombre nacido en Estados Unidos

[11] https://www.census.gov/hhes/www/housing/census/historic/owner.html, modificado por última vez el 31 de octubre de 2011.

[12] http://www.epa.gov/airtrends/images/comparison70.jpg, acceso el 29 de noviembre de 2014.

[13] «History of Long Term Care» Elderweb, acceso el 27 de noviembre de 2014, http://www.elderweb.com/book/history-long-term-care.

en 1850 tenía una esperanza de vida media de unos treinta y ocho años; uno nacido en 2000, setenta y cinco años; independientemente de lo que signifique porque solamente tendría quince años a día de hoy (la mayor parte del aumento es consecuencia de la reducción de la mortalidad infantil).[14] Como señala con orgullo mi madre nonagenaria, ¡los noventa son los nuevos setenta!

El incremento de la esperanza de vida se debe a muchos factores, pero en gran medida es la consecuencia de las mejoras en la higiene sanitaria, el desarrollo de las vacunas, el trabajo público para separar las redes de aguas y alcantarillado, las iniciativas gubernamentales como la creación de los Centros para el Control de Enfermedades y las campañas educativas de sanidad pública (para dejar de fumar, por ejemplo).

Así que ha llegado el momento de que establezcamos políticas para la reducción de la desigualdad de ingresos. Nuestro instinto inicial quizás sería hacer frente a este desafío por medio de la determinación de sus causas fundamentales primero y su abordaje una a una, sobre todo el desempleo. Aunque sospecho que solamente implicaría debates interminables, que enfrentarían a aquellos que reprochan a los pobres su propio fracaso en el intento de prosperar, a los que culpan a la innecesaria interferencia normativa y de gasto del gobierno, a aquellos que consideran que esta misma normativa es totalmente parcial y favorece a los ricos, y a los que creen que sus ingresos son una medida numérica de lo contento que está Dios con usted.

Algunas personas posiblemente argumentarían que deberíamos subir los impuestos e invertir más en programas sociales. Otras responderían que esto obstaculizaría el espíritu emprendedor por la reducción de los beneficios derivados de la asunción de riesgos y el trabajo duro.[15] Y otras acusarían de holgazanes a los beneficiarios de las prestaciones. De manera similar, los partidarios de Ocupa Wall Street ven con desaprobación a los banqueros de inversión de Goldman Sachs, al que *Rolling Stone* hace referencia como un «gran calamar vampiro envuelto por el rostro de la humanidad, que mete su embudo de sangre a la fuerza en todo lo que huela a dinero».[16] Quizás la clave es un nuevo programa federal de empleos que retome el programa WPA de Franklin Delano Roosevelt, que dio empleo a casi ocho millones de personas.[17]

[14] http://www.infoplease.com/ipa/A0005140.html, acceso el 27 de noviembre de 2014.

[15] Como empresario experimentado, puedo garantizarle que este argumento es totalmente ridículo. Mark Zuckerberg, fundador de Facebook, habría trabajado igual de duro por una fracción diminuta de los frutos que cosechó. Los fundadores de Fairchild Semiconductor –considerada en general como la startup seminal de Silicon Valley– se emocionaron mucho al hacerse ricos cuando la empresa matriz la adquirió por la espléndida suma de 250.000 $ para cada uno. En palabras de Bob Noyce: «El dinero no es real. Simplemente se trata de una manera de apuntar los tantos» (http://www.stanford.edu/class/e140/e140a/content/noyce.html, publicado originalmente por Tom Wolfe en Esquire, diciembre de 1983).

[16] Matt Taibbi, «The Great American Bubble Machine», Rolling Stone, 5 de abril d 2010, http://www.rollingstone.com/politics/news/the-great-american-bubble-machine-20100405.

[17] Works Progress Administration, en 1939 pasó a denominarse Work Projects Administration.

No obstante, yo propongo que esas propuestas fusionen dos cosas que debemos considerar por separado: empleos e ingresos. Los empleos podrían ser más escasos en el futuro, pero no significa que también lo tengan que ser los ingresos. Todas las personas necesitan ingresos para vivir, y la manera más lógica de conseguirlos es trabajar por dinero. De esta manera, la mayoría de las soluciones propuestas giran en torno a la garantía de que todos tengan la oportunidad de ganar un salario decente por una jornada de trabajo honrado, o por lo menos ofrecerles algo para salir adelante mientras buscan uno. Pero no es el único modo.

En realidad, existen dos grupos de personas sin empleo. El primero son aquellos que buscan trabajo y no lo encuentran. De hecho, ésa es la definición oficial del desempleo de la Oficina de Estadística Laboral de Estados Unidos. El otro grupo es el que la BLS denomina «fuera del sector laboral», que incluye a los jubilados. No quiere decir que estas personas no estén trabajando, sino que no cobran por ello (por ejemplo, yo –citaron mi ocurrencia en *New York Times* en 2003: «Antes era jubilado. Ahora simplemente soy desempleado»–).[18] Me gustaría pensar que soy un miembro productivo de la sociedad, que aporto algo, pero no cobro un sueldo, y me parece bien.

Tendemos a mirar escépticamente a los parados, a no ser que tengan mucho dinero. En ese caso, no hay problema. De hecho, a menudo hasta se celebra. Nadie espera que Paris Hilton sea otra cosa que una niña rica sin ocupación, imagen que ella ha pulido hasta el nivel de un arte, a pesar de la vertiginosa variedad de actuaciones, promoción de productos, apariciones en televisión y películas, y contratos discográficos, que se estima que le aportaron 6,5 millones de dólares solamente en 2005.[19]

No debe tener una fortuna para vivir de las rentas. Todo depende de cómo quiera vivir. ¿Cuánto es suficiente?

Durante años, los especialistas se han lamentado de que los ingresos medios de las familias en EE. UU. se han estancado, aunque la productividad y los ingresos totales hayan aumentado sin cesar.[20] A primera vista, se trata de una polémica sobre la desigualdad creciente de los ingresos, pero encubre un detalle importante: ¿qué le parece eso a una familia media? Si las personas tuvieran la posibilidad de trabajar más y conseguir más dinero, ¿lo harían? ¿O están contentos con su equilibrio empleo/vida tal como está?

A continuación vamos a ver algunos hechos que sugieren que mucha gente no trabaja más simplemente porque no lo necesita o no quiere. Comenzando

[18] John M. Broder, «The West: California Ups and Downs Ripple in the West», Economic Pulse, New York Times, 6 de enero de 2003, http://www.nytimes.com/2003/01/06/us/ economic-pulse-the-west-california-ups-and-downs-ripple-in-the-west.html.

[19] http://www.forbes.com/lists/2005/53/U3HH.html, acceso el 31 de diciembre de 2014.

[20] Puede ver un ejemplo en Heidi Shierholz y Lawrence Mishel, «A Decade of Flat Wages», Economic Policy Institute, documento informativo n.º 365, 21 de agosto de 2013, http://www.epi.org/publication/a-decade-of-flat-wages-the-key-barrier-to-shared-prosperity-and-a-rising-middle-class/.

por la tendencia histórica a largo plazo, quizás le sorprenda saber que en el siglo XIX la mayoría de las personas trabajaba entre sesenta y setenta horas a la semana.[21] Prácticamente no tenían tiempo libre. En 1791, los carpinteros de Filadelfia se declararon en huelga para pedir la reducción de las horas a jornadas de diez horas.[22] El gobierno federal se implicó por primera vez en 1916 con la Ley Adamson, que estableció la jornada estándar de ocho horas, pero únicamente para los trabajadores ferroviarios. En 1937, esta jornada reducida entró a formar parte de la Ley de Normas Laborales Equitativas.[23] Aunque esta tendencia hacia la disminución de las horas de trabajo continúa hasta la actualidad, es bastante progresiva. Los datos de la Reserva Federal entre 1950 y 2011 muestran una reducción del 11 por ciento en las horas trabajadas totales por año.[24] Hoy en día, contrariamente a la opinión pública, una persona trabajadora normal dedica unas treinta y cuatro horas al trabajo retribuido a la semana.[25]

A diferencia del horario laboral, los salarios e ingresos reales se han disparado. Por elegir un único ejemplo, los estadounidenses de género masculino, empleados a tiempo completo durante todo el año, han visto cómo sus ingresos medios, actualizados por la inflación, casi se han duplicado desde 1955. Las mujeres trabajadoras han apreciado un crecimiento aún mayor, del 138 por ciento. Los empleados a tiempo completo tienen literalmente dos veces más dinero para gastar, una vez descontada la inflación.[26]

Pero la historia se pone interesante cuando la observa desde el punto de vista de las familias. Según la Oficina del Censo de Estados Unidos, los ingresos medios de las familias en 1995 eran de 51.719 $. En 2012 prácticamente no habían cambiado, 51.758 $ (la cifra de 1995 está actualizada por la inflación).[27] Sin embargo, el salario neto medio de un trabajador estadounidense (actualizado por la inflación) aumentó aproximadamente un 14 por ciento durante el mismo período (el incremento nominal fue un 65 por ciento menos la tasa de inflación acumulada del 51 por ciento).[28] Entonces, ¿qué es lo que explicaría

[21] Robert Whaples, «Hours of Work in U.S. History», EH. Net Encyclopedia, ed. Robert Whaples, 14 de agosto de 2001, http://eh.net/encyclopedia/hours-of-work-in-u-s-history/.

[22] http://en.wikipedia.org/wiki/Eight-hour_day#United_States, modificado por última vez el 20 de diciembre de 2014.

[23] http://finduslaw.com/fair-labor-standards-act-flsa-29-us-code-chapter-8, acceso el 27 de noviembre de 2014.

[24] http://research.stlouisfed.org/fred2/graph/?s[1][id]=AVHWPEUSA065NRUG, acceso el 27 de noviembre de 2014.

[25] http://www.bls.gov/news.release/empsit.t18.htm, acceso el 27 de noviembre de 2014.

[26] Oficina del Censo, tabla P-37, «Full-Time, Year-Round All Workers by Mean Income and Sex: 1955 to 2013», modificado por última vez el 16 de septiembre de 2014., https://www.census.gov/ hhes/www/income/data/historical/people/.

[27] Oficina del Censo, tabla H-12AR, «Household by Number of Earners by Median and Mean Income: 1980 to 2013», modificado por última vez el 16 de septiembre de 2014, http://www.cen sus.gov/hhes/www/income/data/historical/household/.

[28] http://www.ssa.gov/oact/cola/central.html, acceso el 29 de noviembre de 2014.

esta discrepancia? Las familias no trabajan; son las personas. Y el número de adultos que trabajan en una familia media disminuyó un 8 por ciento durante ese período, de 1,36 a 1,25.[29]

Existen varios factores que influyen en el número de adultos empleados en una familia. El desempleo en 2012 era un 2,5 por ciento mayor que en 1995. Es un poco complicado de calcular, pero el número medio de adultos en edad de trabajar en las familias cayó alrededor de un 2,5 por ciento.[30] No cabe duda de que forma parte de la historia, pero ¿dónde está el resto? Al menos una explicación creíble es que las personas consiguen más dinero cuando trabajan, así que cuando se comparten esos beneficios (es decir, en las familias), muchas parejas (emparentadas o no) deciden trabajar menos en total.

Si la gente toma esta decisión porque no merece la pena buscar más trabajo o un empleo mejor o porque simplemente prefieren dedicar su tiempo a otras cosas realmente son las dos caras de la misma moneda. Su decisión de encontrar empleo o dedicar su tiempo a otra cosa es una decisión lógica basada en los vaivenes de su mercado laboral local y cómo prefiere vivir.[31] Piense en el ejemplo de mi antiguo empleado, Emmie Nastor. Su mayor inconveniente en su puesto de trabajo no era el sueldo sino las horas (obligatorias). Aceptaría un sueldo inferior con mucho gusto si eso significara que podría llegar a casa de manera fiable antes de que su hijo recién nacido se fuera a dormir.

Por lo tanto, ¿el supuesto tácito proviene de que todos los estadounidenses sanos y físicamente capaces que puedan trabajar van a hacerlo lo máximo posible? Es un reflejo de un concepto sesgado de progreso –o una ilusión al menos– que se cuece en nuestras políticas gubernamentales. Muchas personas piensan que nuestros legisladores cobran impuestos, piden prestado y gastan más de lo que deberían. No tengo una opinión fundamentada sobre esto. Pero la manera histórica en la que hemos abordado nuestros problemas económicos es encontrar el modo de salir de ellos. Lo que se asemeja a una montaña de deuda nacional en la actualidad parecerá mucho menos desalentadora cuando haya que pagarla si podemos continuar expandiendo nuestra economía cada año. Si todavía se demuestra que es un problema, podemos recurrir a ajustar la tasa de inflación por medio de la expansión de la oferta monetaria; de esta manera, el coste del reembolso es más razonable. El gobierno utiliza esta misma lógica cuando respalda a los beneficiarios jubilados de la Seguridad Social con

[29] Oficina del Censo, tabla H-12AR, «Household by Number of Earners». Para llegar a estas cifras, multiplique el número de familias que tienen 1, 2, 3, 4 o más asalariados por 1, 2, 3 y 4 respectivamente, lo que da como resultado 153.488.000 asalariados para 122.460.000 familias o 1,25 asalariados por familia en 2012. Repita el proceso para 1995 y obtendrá 1,36 asalariados por familia.

[30] Jonathan Vespa, Jamie M. Lewis y Rose M. Kreider, «America's Families and Living Arrangements: 2012», publicación P20-570 del censo, figura 1, agosto de 2013, https://www.census.gov/prod/2013pubs/p20-570.pdf. He llegado a la estimación de la disminución del 2,5 por ciento eliminando las familias compuestas por un único adulto que viva solo (que aumentaron un 2,5 por ciento).

[31] Quizás simplemente sea una reacción lógica a la paradoja de Easterlina, http://en.wikipe dia.org/wiki/Easterlin_paradox, última modificación el 7 de octubre de 2014.

las recaudaciones de los trabajadores actuales (lo que pronto se convertirá en un problema porque, por lo pronto, la población concerniente de trabajadores tiende a disminuir en relación con la población de jubilados).

Esta actitud dinámica de «más grande, más rápido, más fuerte» está tan profundamente arraigada en nuestra mentalidad estadounidense que los puntos de referencia de las creencias compensatorias son difíciles de encontrar. Cuando un padre decide quedarse en casa y cuidar de sus hijos, disminuye las mediciones de valor económico del gobierno. Cuando alguien deja su puesto de trabajo como agente inmobiliario para tocar la guitarra en una banda de rock, los ingresos disponibles van a disminuir, aunque la satisfacción personal aumente.

Esto no quiere decir que aquellas personas que posean los menores ingresos tomen las mismas decisiones. Vivir al día –o sin ningún salario– no es nada fácil, sin duda alguna. Sin embargo, las personas de la ilustre clase media quizás no estén tan preocupadas como podríamos suponer por escalar al siguiente nivel, si el precio es su tiempo libre y la satisfacción con su puesto de trabajo.

Pero este principio gubernamental de comprobada eficiencia –de que podemos encontrar el modo de salir de los problemas económicos– ofrece un enfoque práctico para la reducción de la desigualdad de los ingresos. No necesitamos quitarle nada a nadie, simplemente tenemos que distribuir el crecimiento futuro de una forma más equitativa y el problema se ocupará de sí mismo.

Para entender cómo funciona esto, vamos a empezar con una hipótesis sencilla. Suponga que todos nos jubiláramos hoy como por arte de magia. ¿Cuáles serían los ingresos familiares de todas las personas? En primer lugar, tenemos que observar qué nivel económico tiene en realidad la gente en EE. UU. de media. Gracias a la combinación de datos de la Reserva Federal y la Oficina del Censo para 2012, sabemos que una familia media estadounidense posee un valor neto de aproximadamente 600.000 $ para sus 2,6 residentes.[32] Incluye cuentas bancarias, acciones y bonos, fondos de pensiones privados e inmuebles, después de restar la deuda. Excluye los activos improductivos, como automóviles, mobiliario y pertenencias personales. Pero eso no cuenta la Seguridad Social. El total de activos del fondo fiduciario de la Seguridad Social eran tres billones de dólares a finales de 2013,[33] lo que aporta otros 25.000 $ al monto total de 625.000 $ por familia.

[32] http://www.federalreserve.gov/apps/fof/DisplayTable.aspx?t=B.100 (modificado por última vez el 6 de marzo de 2014), línea 42, «Net household worth, 2012»: 69.523,5 mil millones $, en conjunto con http://quickfacts.census.gov/qfd/states/00000.html (modificado por última vez el 3 de diciembre de 2014), «Number of households, 2012»: 115.226.802, and «Persons per household,2008-2012»: 2.61.

[33] «A Summary of the 2014 Annual Reports», Administración de la Seguridad Social, acceso el 29 de noviembre de 2014, http://www.ssa.gov/oact/trsum/. Es la suma de los fondos fiduciarios de OASI, DI, HI y SMI al final del año 2013: 3,045 billones de dólares.

¿Cuántos ingresos para la jubilación generaría esto? El S&P 500, representante razonable de los mercados de valores estadounidenses, ha proporcionado un rendimiento anual de más del 11 por ciento durante los últimos cincuenta años, mientras que el promedio de las letras del Tesoro de Estados Unidos a diez años, consideradas unas de las inversiones más seguras del mundo, fue casi del 7 por ciento.[34] Si suponemos que posee la mitad de una cartera en acciones y otra mitad en bonos, el rendimiento medio sería alrededor de 9 por ciento al año. Si quisiera reservar suficiente dinero en esta cartera como para compensar la tasa histórica de la inflación (3 por ciento), podría gastar aproximadamente un 6 por ciento anualmente (sin contar los impuestos sobre las plusvalías, si los hubiera. Si no coincide con su uso actual, tenga en cuenta que la tasa de inflación y los rendimientos típicos de las inversiones, por lo menos para los bonos, están muy por debajo de los niveles históricos en este momento).

Al aplicar el 6 por ciento a la riqueza agregada de EE. UU., cada familia podría gastar unos 40.000 $ al año y todavía se mantendría al nivel de inflación. Se suma a lo que podría ganar (opcionalmente) la familia y supone que las personas dejan su patrimonio completo intacto a sus herederos cuando fallecen en lugar de gastarlo ellos mismos, lo cual proporciona una ventaja enorme a la jubilación de la siguiente generación (a excepción de los impuestos de sucesiones, naturalmente, que no debería si falleciera hoy con 625.000 $ en activos en Estados Unidos debido a la desgravación vitalicia). De hecho, si la población no aumentara o se redujera (como sucede en Europa), los miembros de la siguiente generación no necesitarían aportar nada a esta cartera, lo que significa que no tendrían que trabajar en absoluto.

Otra forma de llegar a esas cifras es observar cómo valoran los mercados financieros todas las empresas y bonos públicos. A finales de 2011, el valor del mercado de bonos de Estados Unidos estaba por debajo de los 37 billones de dólares, y el de las acciones estadounidenses en 21 billones de dólares, con un total de 58 billones de dólares.[35] No obstante, solamente unos dos tercios se poseen nacionalmente, así que vamos a utilizar 39 billones de dólares (contrariamente a la opinión pública, China posee únicamente alrededor de un 8 por ciento de la deuda nacional).[36] Añadiendo los 25 billones de valor contenido en los hogares y restando la deuda hipotecaria de 13 billones, da lugar a 51 billones de dólares, unos 450.000 $ por familia.[37] Pero no incluye el valor de

[34] «Annual Returns on Stock, T. Bonds and T. Bills:1928–Current», (modificado por última vez el 5 de enero de 2014, http://pages.stern.nyu.edu/~adamodar/New_Home_Page/datafile/histret SP.html.

[35] «World Capital Markets–Size of Global Stock and Bond Markets», QVM Group LLC, 2 de abril de 2012, http://qvmgroup.com/invest/2012/04/02/world-capital-markets-size-of-global-stock-and-bond-markets/.

[36] http://finance.townhall.com/columnists/politicalcalculations/2013/01/21/who- really-owns-the-us-national-debt-n1493555/page/full, modificado por última vez el 21 de enero de 2013.

[37] Cory Hopkins, «Combined Value of US Homes to Top $ 25 Trillion in 2013», 19 de diciembre de 2013, http://www.zillow.com/blog/2013-12-19/value-us-homes-to-top-25-tril lion/; and "Mortgage Debt

las empresas privadas, ni los préstamos a empresas e individuos, que probablemente representen una parte de la diferencia entre esta estimación y los 625.000 $ anteriores.

Eso es lo que ocurre actualmente, pero hablemos del futuro. Los datos en los últimos treinta años muestran una tasa de crecimiento del PIB per cápita, descontada la inflación, de aproximadamente un 1,6 por ciento.[38] Si suponemos que esta tendencia continúa, el aumento total de la riqueza real per cápita en cuarenta años sería de un 90 por ciento. Esto quiere decir que una persona media en Estados Unidos será casi dos veces más rica dentro de cuarenta años que hoy, basándonos en las tendencias actuales. Es consecuente con el 80 por ciento de crecimiento experimentado en los últimos cuarenta años, como he indicado anteriormente. Y, como cabría esperar después de los capítulos anteriores, creo que es una estimación demasiado baja, pero sólo es mi opinión. Equivale a unos ingresos anuales por familia, exclusivamente procedentes de las inversiones, de unos 75.000 $ en dólares actuales. No está mal.

Pero seguramente este panorama esperanzador no pueda ser cierto. La gente tiene dificultades. La mayoría de las personas se está quedando rezagada. Es una hecatombe. Sin duda, no da la sensación de que la mayoría de las personas esté ganando 40.000 $ simplemente por sentarse y no hacer nada. Todo es correcto, por la sencilla razón de que la distribución de activos no está suficientemente generalizada. Estos promedios no significan nada ahora mismo porque todas las familias no poseen la riqueza de forma equitativa, precisamente el problema que intentamos abordar. Pero no tenemos que redistribuir la riqueza actual para hacer mella en el problema de la desigualdad de ingresos de modo significativo; ese barco ya ha zarpado. En lugar de eso, podemos fijar nuestro centro de atención en nuevas maneras de distribuir los beneficios futuros. Pero ¿cómo?

Podemos implementar incentivos económicos para expandir la propiedad de acciones y bonos. Los incentivos no son para los propios propietarios, sino para las empresas y emisores de los bonos. Podemos usar sus intereses personales para el resto de nosotros, como hacemos en otros aspectos de nuestra economía capitalista.

Hasta la fecha, el gobierno de Estados Unidos subvenciona la mayoría de las políticas fiscales e incentivos económicos (denominados frecuentemente «lagunas») para fomentar que las empresas realicen algunos tipos de inversiones o reducir el coste de pedir préstamos (como es el caso de los bonos municipales libres de impuestos). Estas mismas técnicas pueden utilizarse para

Outstanding," Board of Governors of the Federal Reserve System, modificado por última vez el 11 de diciembre de 2014, http://www.federalreserve.gov/econres data/releases/mortoutstand/current.htm.

[38] «International Comparisons of GDP per Capita and per Hour, 1960-2011», Oficina de Estadística Laboral, table 1b, modificado por última vez el 7 de noviembre de 2012, http://www.bls.gov/ilc/ intl_gdp_capita_gdp_hour.htm#table01.

extender la propiedad futura de los activos necesarios para respaldar las jubilaciones o la reducción del empleo.

Para comprender cómo funciona, considere dos empresas hipotéticas futuras con el mismo negocio: dirigir hipermercados en línea que vendan comestibles a los clientes, con una entrega garantizada de 3 horas como máximo, independientemente de su localización, «Mi mercado» y «Alimentos para las personas». Ambas son administradas por equipos de gestión bien remunerados y con talento, pero «Mi mercado» es propiedad de los diez herederos millonarios del magnate del sector, recientemente fallecido, Marty Martin, mientras que las acciones cotizadas en bolsa de «Alimentos para las personas» son propiedad, directa o indirectamente, de 100 millones de personas.

Ambas empresas han hecho grandes inversiones en automatización, lo que ha reducido su mano de obra al mínimo posible con la tecnología actual. Han conseguido ser tan eficientes que los beneficios por empleado son decenas de millones de dólares. Para comparar, Walmart, una de las empresas minoristas más eficientes del mundo, generó 213.000 $ de beneficios por empleado en 2013. Ambas empresas son muy rentables: generan casi 100 mil millones de dólares en beneficios anuales, en contraposición a los 17 mil millones de Walmart en la actualidad. Para «Mi mercado», da como resultado cerca de 10 mil millones al año para cada uno de sus afortunados herederos. Pero su rival, «Alimentos para las personas», emite cheques de dividendos cada año por valor de 1.000 $ a casi un tercio de los habitantes de Estados Unidos.

¿Qué empresa sirve mejor al interés público? Ambas hacen un trabajo fantástico ofreciendo bienes y servicios a sus clientes, y ambas tienen una gran motivación por continuar mejorando para poder aumentar su cuota de mercado. Pero «Alimentos para las personas» además atiende los intereses financieros de una porción importante del público, en lugar de los de una única familia de vividores y mecenas de las artes. En ese sentido, ofrece muchos más beneficios a la sociedad.

Antes de que podamos abordar esta desigualdad, necesitamos una forma objetiva de medirla. Algo que el gobierno federal hace correctamente es elaborar y publicar estadísticas. Unas veces se utilizan para comunicar políticas, y otras, están dirigidas a hacer que seamos mejores consumidores y nos proporcionan la información necesaria para que tomemos buenas decisiones. Por ejemplo, el programa Energy Star coloca pegatinas EnergyGuide en todas las clases de productos de consumo (como lavadoras, frigoríficos y televisores) con las medidas estándar de consumo de energía y costes de funcionamiento.[39] Por ley, las pegatinas de las ventanas de los automóviles nuevos deben mostrar los índices de consumo de combustible de EPA y de pruebas de colisión de la Administración Nacional para la Seguridad Vial (NHTSA, por sus siglas en inglés). En el ámbito financiero, los riesgos correspondientes de los bonos

[39] https://www.energystar.gov, acceso el 31 de diciembre de 2014.

corporativos y gubernamentales son clasificados por tres empresas privadas y respetadas de servicios (Moody's, Standard & Poor's y Fitch Ratings). Los Servicios Institucionales para Accionistas (ISS, por sus siglas en inglés) publican una medición generalizada de gobernanza empresarial que aborda la estructura del consejo, los derechos de los accionistas, las prácticas de compensación y la calidad de las auditorías.

La base que necesitamos sentar para enfrentarnos a la desigualdad de ingresos es una nueva medida gubernamental sobre cuál es el alcance de la propiedad de los activos. Afortunadamente, podemos sacarla del estante, quitarle el polvo y limpiarla un poco.

En 1912, un estadístico italiano llamado Corrado Gini publicó un artículo titulado *Variabilità e mutabilità* (Variabilidad y mutabilidad)[40], en el cual proponía una medida ingeniosa de dispersión que se conoce como coeficiente de Gini. Básicamente, usted introduce un conjunto de datos y el coeficiente de Gini le dice lo uniforme que es la serie, donde 0 equivale a regular e igualitario y 1, a muy sesgado. Puede aplicarse a muchas situaciones diferentes, pero el uso más común actualmente es la medición de datos económicos del tipo que nos conciernen aquí. Por ejemplo, la Oficina del Censo estadounidense lo utiliza para medir la desigualdad de los ingresos.[41] En 1970, el coeficiente de Gini para los ingresos se situaba en 0,394. En 2011, había aumentado hasta 0,477. No tiene un círculo intuitivo, pero es bastante malo.

Puede aplicarse la misma medida objetiva a la propiedad efectiva de cualquier activo. Suponga que usted y tres amigos suyos deciden alquilar juntos una propiedad. Si cada uno posee un cuarto, el coeficiente de Gini es 0. Por otro lado, suponga que usted pone todo el dinero, pero decide incluir a sus amigos por un 1 por ciento cada uno porque usted es muy buena persona. El coeficiente de Gini es casi 1. Pero imagine que el acuerdo no funciona porque sus amigos actúan como si fuera su casa, aunque a todos los efectos prácticos es de usted. Así que compra el total de sus participaciones. El coeficiente de Gini vuelve a ser 0 porque todos los propietarios (es decir, usted) tienen partes iguales.

Como puede ver, simplemente por medio de la aplicación del coeficiente de Gini a un activo no se obtiene lo que queremos medir. En su lugar, debemos realizar un pequeño ajuste. En primer lugar, tenemos que definir una población; por ejemplo, los ciudadanos estadounidenses adultos. Después, suponemos a efectos de cálculo que las personas del grupo que no poseen ninguno de los activos tienen un 0 por ciento de interés. Ahora el coeficiente de Gini refleja la extensión de la propiedad del activo en la población de interés. Podríamos

[40] C. Gini, «Italian:Variabilità e mutabilità (Variability and Mutability)» 1912, reeditado en Memorie di metodologica statistica, ed. E. Pizetti and T. Salvemini (Roma: Libreria Eredi Virgilio Veschi, 1955).

[41] Adam Bee, «Household Income Inequality Within U.S. Counties: 2006–2010», American Community Survey Briefs, Census Bureau, U.S.Department of Commerce, ACSBR/ 10–18, febrero de 2012, http://www.census.gov/prod/2012pubs/acsbr10-18.pdf.

denominar dicho índice, aplicado a los activos individuales como las acciones y los bonos, índice de beneficio público (IBP). Para facilitar su uso, vamos a restárselo a 1, multiplicarlo por 100 y redondearlo al entero más próximo. En otras palabras, establecer la escala del IBP entre 0 y 100, donde 100 significa muy equitativo y 0, muy concentrado.

Considere el IBP de las dos empresas hipotéticas descritas anteriormente. Aunque los diez herederos millonarios del patriarca Marty Martin tengan partes iguales de su fortuna, cuando incluimos a todos los demás el IBP se encuentra cerca de 0. Sin embargo, «Alimentos para las personas», cuya pertenencia está más extendida, tendría un IBP más cercano a 30.

En cierto modo, los activos públicos estatales como los parques nacionales, que están a disposición de cualquier persona, tienen un IBP de 100. Sin embargo, el Rancho Neverland de Michael Jackson, que construyó casi por completo para su propia diversión, tendría un IBP de 0.

El IBP, como aquí se describe, no es perfecto. Por ejemplo, sería difícil de calcular para los propietarios efectivos (a diferencia de los propietarios nominales).[42] Pero posiblemente sea adecuado a efectos de este debate.

Ahora podemos llegar al meollo del problema. Hemos determinado un objetivo (la distribución de ingresos de 1970 aproximadamente) y tenemos una medición objetiva de la utilidad pública de un activo financiero (su IBP). Pero solamente es un número que podemos adherir a las acciones y bonos, como la pegatina de la ventana de un automóvil nuevo. ¿Cómo lo utilizamos para disminuir la desigualdad en la riqueza y los ingresos?

Empecemos por las políticas fiscales para sociedades. Existen estudios que sugieren que la reducción o eliminación de todos los impuestos sobre sociedades aumentaría la riqueza total.[43] Naturalmente, el problema es que provocaría principal o exclusivamente que los accionistas fueran más acaudalados, no el público general. Pero suponga que tuviera que establecer una escala de impuestos u ofrecer ventajas fiscales a las empresas con mayores puntuaciones en el IBP. Esto proporcionaría una ventaja competitiva a las empresas con mayor número de accionistas. Podrían permitirse invertir más y a la larga ampliar su mercado (y el valor de mercado), en detrimento de la competencia con pocos accionistas.

Para nuestras tiendas en línea hipotéticas, imagine que «Alimentos para las personas» tuviera un tipo efectivo del impuesto de sociedades del 15 por ciento y que «Mi mercado» pagara el máximo (actual) del 35 por ciento. Eso

[42] Esto exigiría calcular algún tipo de cierre transitivo de los intereses. Por ejemplo, usted podría tener acciones en un fondo de pensiones que posee un capital en acciones a su nombre, en lugar del suyo; sin embargo, es usted el ente que tratamos de medir. Como primera aproximación, sugeriría que el cierre debería calcularse hasta que alcance a una persona física.

[43] William McBride, «New Study Ponders Elimination of the Corporate Income Tax», Tax Foundation, 11 de abril de 2014, http://taxfoundation.org/blog/new-study-ponders-elimination-corporate-income-tax.

significaría que «Alimentos para las personas» podría permitirse poner en uso 20 mil millones de dólares más que «Mi mercado» cada año. Podría construir más centros de distribución, ofrecer un mejor servicio, publicitar más ampliamente, reducir los precios y aumentar los dividendos. Conforme avanzara el tiempo, su cuota de mercado crecería, y la de «Mi mercado» disminuiría, lo cual daría lugar a un mayor número de beneficios que se distribuirían entre una franja cada vez más amplia de la sociedad.

¿Cómo es posible que reaccionaran los accionistas de «Mi mercado»? Después de aceptar a regañadientes el hecho de que su tropa de grupos de presión, muy bien remunerada, no es capaz de revertir esta política fiscal a su favor, tendrían que tomar una decisión simple o, más exactamente, darían instrucciones a sus economistas para que lo hicieran. Es posible que simplemente continuaran recogiendo sus enormes beneficios después de impuestos, pero sería preferible que vendieran parte de sus intereses al público con el objetivo de aumentar el IBP de «Mi mercado» y, por lo tanto, disminuir su tipo impositivo, lo que aumentaría sus beneficios y haría a la empresa más competitiva.

Pero «Alimentos para las personas» no se detiene. Al observar los importantes beneficios concedidos por su amplia participación, inicia una campaña de relaciones con inversores para expandirla todavía más. La empresa realiza una oferta secundaria de acciones y da un giro. Tomando como ejemplo su propia promoción de ventas, acepta pagar las comisiones de intermediación por todas las acciones vendidas a un accionista nuevo (ofrece de manera efectiva un descuento a los nuevos propietarios por la primera compra) y exige que las acciones se mantengan por un período de tiempo establecido (por ejemplo, cinco años). También ofrece una prima de incentivo a su legión de corredores de bolsa por vender la oferta a los nuevos accionistas. Dicha oferta tiene tanto éxito que su coste total está cubierto por la reducción de los tres primeros años del impuesto de sociedades.

Como no puede ser menos, «Mi mercado» responde con una promoción exclusiva: por cada 500 $ que el cliente gaste en la empresa, ofrece un 50 por ciento de descuento en el precio de mercado actual por la compra de hasta diez de sus acciones nuevas a compradores que cumplan unos requisitos. Cada vez que una persona compra, acumula puntos «Mi mercado» que puede cobrar en forma de acciones.

En pocas palabras, las empresas sujetas a este tipo de incentivo fiscal encontrarán la forma de distribuir la propiedad de sus acciones más ampliamente para recoger los frutos de las ventajas fiscales. Incluso mejor, el gobierno puede monitorizar y ajustar este proceso gracias a la modificación del modo en que los impuestos de sociedades varían en respuesta al IBP. Se pueden aplicar incentivos similares a la emisión de bonos, aunque es un poco más complejo. Entonces, ¿el problema está resuelto?

Todavía no. Suena muy bien, pero ¿cómo van a conseguir las personas sin activos el dinero para adquirir valores para empezar?

Existen muchas maneras de abordarlo. Por sugerir sólo una, podríamos modificar la forma en la que gestionamos la Seguridad Social. En lugar de depender de un sistema de inversión centralizado, monolítico y opaco, podríamos ofrecer mayor visibilidad y control de sus propios saldos personales a los individuos. Podríamos permitir que la gente seleccionara en una cesta de acciones y bonos individuales –o fondos de acciones y bonos– para adaptar su cartera como desee con algunas limitaciones. Es similar al modo en el que funcionan los fondos privados de pensiones, como los planes 401K, en la actualidad.

Tiene varias ventajas. En primer lugar, permite que un conjunto mucho más grande de personas desempeñe una función activa en la gestión de sus fondos de pensiones. Al proporcionar tanto una mayor visibilidad como por lo menos un mínimo de control personal, aumenta el sentido de la conexión personal con la sociedad, la sensación de que usted también participa en el sueño americano. En lugar de que el gobierno retire simplemente el dinero de su salario con la promesa lejana de que algún día quizás se lo devuelva cuando se jubile, sabría dónde va, su valor y cuánto va a obtener llegado el momento. Es más difícil destrozar el escaparate de una tienda del este de Los Ángeles si posee sus acciones en su cuenta de la Seguridad Social y siente que de algún modo se está perjudicando a sí mismo.

Esta visibilidad adicional también puede enfrentarse a un problema que atormenta hoy en día a los fondos fiduciarios de la Seguridad Social. Puesto que ninguno de nosotros tiene idea en realidad de cuánto de nuestro dinero invierte el gobierno en nosotros, para los políticos es complicado ajustar los beneficios que se pagan a la tasa actual de rendimiento de la inversión y las tendencias demográficas. Es el motivo por el cual los cambios en los beneficios de la Seguridad Social a veces son la patata caliente de la política estadounidense. Pero si la gente puede apreciar que el valor de su cartera aumenta o disminuye este año, y sus pagos totales están ligados a ello, el sistema entero no solamente tendrá más sentido, sino que puede eliminar la necesidad de ajustes legislativos por completo. No habría más mandatos sin financiación, como es el caso actual de nuestro sistema de Seguridad Social.

Pero no es la única forma de ponernos manos a la obra. Los impuestos negativos sobre la renta, las subvenciones y reembolsos del gobierno y los fondos correspondientes para varias actividades que queremos fomentar pueden ayudar a establecer la cartera de cada ciudadano. En lugar de esperar a que uno consiga un empleo antes de crear una cuenta de la Seguridad Social, el gobierno podría ofrecer la aportación de acciones y bonos de IBP elevado a la cartera de las personas que hagan trabajos voluntarios de servicio público, como asistencia a personas mayores, limpieza de parques, orientación a adolescentes con problemas, distribución de folletos sobre educación sanitaria, y cosas por el estilo. Podría aplicarse a los jubilados y las personas inactivas o a aquellas que simplemente pueden disfrutar de tiempo libre.

Para estimular el compromiso y la continuidad, el gobierno podría tomar como ejemplo el manual de estrategia para startups de Silicon Valley: atribución de acciones restringidas. Uno se inscribe en una actividad de servicio público y se le concede un grupo de acciones que no posea todavía. A medida que trabaja, estas acciones se hacen suyas (se le atribuyen) a lo largo del tiempo. De este modo, siempre es consciente de las consecuencias de abandonarla de forma prematura y tiene un objetivo y una tarjeta de puntuaciones con la que controla su progreso.

La idea de que todas las personas son accionistas en la sociedad y tienen una cuenta de pensiones abierta automáticamente para ellos (por ejemplo) desde su décimo cumpleaños modificaría el sentido de la integración y la participación en la sociedad. Fomentaría los servicios públicos y ayudaría a las personas a sentirse productivas aunque no ganasen directamente un sueldo.

No obstante, la línea entre el período previo y posterior a la jubilación no debe estar tan marcada como en la actualidad. A medida que nuestra riqueza acumulada siga creciendo, será más razonable permitir que las personas reciban pagos por dividendos antes de llegar a la tercera edad. En otras palabras, podemos dejar que las personas en edad de trabajar se beneficien de ello parcialmente y además reducir la edad de jubilación con beneficios totales. En caso extremo, su cuenta de la Seguridad Social, junto con otras cuentas corrientes de pensiones y ahorro, podrían proporcionarle un respaldo económico sustancial durante su vida laboral.

Lo que nos llevan de nuevo a los empleos. El dinero no es el único motivo por el que trabajar. A las personas les gusta sentirse miembros útiles de la sociedad. Les gusta contribuir en el bienestar de los demás, además de conseguirlo para ellos y sus familias. La mayoría de la gente siente una gran satisfacción al ayudar a otras personas, lo que aumenta su autoestima y da significado y un objetivo a sus vidas.

En el futuro, algunos tomarán la decisión de sentarse todo el día a jugar a videojuegos si tienen suficientes ingresos para mantenerse sin trabajar. Pero la mayoría de las personas no se conformará con eso. No querrán quedarse en el último peldaño de la sociedad, independientemente de lo cómodo que sea en términos reales. Aun así, algunas personas querrán trabajar de buena fe en puestos remunerados, aunque el único motivo sea aumentar su nivel de vida, su estatus social y el atractivo frente a otra persona. Estos instintos no van a desaparecer. Pero para otras personas un empleo normal será considerado una excusa, una forma egocéntrica de sacar más de sí mismo sin dar mucho a cambio. Podría decidir trabajar a tiempo parcial –o ni siquiera eso– y, en cambio, ofrecerse como voluntario para proyectos de servicios públicos autorizados por el gobierno que aumenten su colchón para la jubilación.

La gente no sólo va a pescar y jugar al golf a tiempo completo. También aprenderán a tocar el piano, pintarán, escribirán poemas, cultivarán orquídeas de primera clase, venderán artesanía hecha a mano, cuidarán a animales heridos, harán ejercicio y educarán a sus hijos en casa. Todas esas cosas son algo más que aficiones: ofrecen beneficios reales a la sociedad.

La clave para ocuparse de un grupo de empleos disponibles que escasean no es crear puestos artificiales por decreto gubernamental. Es reequilibrar la oferta de trabajadores motivados económicamente con el conjunto disponible de empleos remunerados. Podemos hacerlo adaptando los incentivos para que las personas hagan otras cosas productivas con su tiempo.

De ninguna manera soy el primero en tener en cuenta cómo será el mundo cuando nuestras necesidades básicas se cubran sin nuestro propio trabajo. El mismísimo John Maynard Keynes, economista legendario, escribió una reflexión fascinante sobre esta cuestión en 1930, titulada *Las posibilidades económicas de nuestros nietos*. En este ensayo reflexivo, predice que dentro de un siglo (que casi está llegando a su fin, evidentemente) el crecimiento continuado de la economía nos permitirá atender las necesidades básicas de todos los seres humanos con poco o ningún esfuerzo. Como él señala, «todo estos significa a largo plazo *que la especie humana va a resolver su problema económico*» (lo indica en cursiva). Continúa diferenciando entre necesidades absolutas y relativas y sugiere que una vez que se cubran las primeras muchas personas «dedicarán sus energías a fines no económicos».[44] Su análisis económico dio en el clavo, pero para desgracia nuestra sus expectativas para la distribución de la riqueza todavía no se han hecho realidad.

A medida que nos acercamos a un mundo en el que la mayor parte del trabajo exige actualmente que el esfuerzo y la atención humanos sucumban ante la automatización, es fundamental distribuir los beneficios del aumento de nuestra riqueza entre más personas, además de aquellos que consigan el resto de empleos buenos o sean lo suficientemente afortunados como para acumular activos privados. Finalmente, es posible que vivamos una relación simbiótica o quizás parasitaria con las máquinas, como voy a explicar en breves.

Entonces, ¿qué ocurre con la Super Bowl LIX y el problema de la zapatilla inteligente para la realización de tiros? Después de una gran deliberación, la NFL dio con una solución creativa. Estableció un precio anual de un millón de dólares para las mejores mejoras en el calzado de los jugadores, con unos límites determinados cuidadosamente sobre lo que los participantes podrían hacer o no. Los inventos resultantes se pusieron a disposición de todos los equipos de la liga libremente.

En poco tiempo, las innovaciones estaban por todas partes, algunas de las cuales obligaron a hacer cambios en las normas del juego. Cabe destacar a un estudiante ingenioso de ingeniería de MIT que desarrolló una zapatilla que permitía que los jugadores saltaran increíblemente alto en el aire y cayeran de manera segura sobre los pies. Con este nuevo calzado, cada vez era más difícil marcar un gol de campo porque los jugadores del equipo contrincante

[44] John Maynard Keynes, Essays in Persuasion (Nueva York: Classic House Books, 2009).

eran capaces de saltar tan alto como para interceptar el balón. Los partidos de fútbol profesional empezaron a parecerse a las competiciones de *quidditch* del famoso Harry Potter, en las que los jugadores volaban por el aire en palos de escoba mágicos, por lo que NFL añadió una restricción de altura a los partidos. Un balón que se elevara más de doce metros en el aire estaba fuera del límite, y todos los jugadores cuyo casco atravesara una altura de nueve metros estaban automáticamente fuera de juego.

Esto recuperó la diversión del deporte, y además la asistencia y los ingresos fueron más elevados que nunca, ya que los jugadores desarrollaron una clase totalmente nueva de habilidades atléticas impresionantes. El presidente de NFL, en sus observaciones anuales, describió el calzado nuevo como la mejora más importante en el fútbol desde las repeticiones instantáneas.

Aun así, algunas personas no estaban satisfechas con estas novedades. Preferían el juego antiguo en el que los jugadores llevaban equipamiento y calzado fabricados de materiales normales. Así que fundaron una liga nueva, la Liga de Fútbol Clásico, que se hizo bastante popular entre un grupo de veteranos y puristas.

Problema resuelto.

OUTRODUCCIÓN

Bienvenido al futuro de sus hijos

¿Tal vez este experto pontificador sea capaz de transmitirle algunas predicciones breves sobre nuestras expectativas? (¿Podría ofrecerle algunas especulaciones sobre nuestro futuro?).

Las palabras son importantes. El modo en que decimos las cosas influye en lo que pensamos. Las palabras describen, captan y comunican, pero también encuadran nuestros conocimientos y dan forma a nuestra imaginación. Interpretamos de manera natural experiencias nuevas desde el punto de vista de la edad, y las experiencias que elegimos como puntos de referencia cambian nuestra forma de ver el mundo.

En los capítulos anteriores, he descrito cómo cambia la naturaleza del trabajo en respuesta a la introducción de tecnologías innovadoras, aunque es posible que esta modificación retrase considerablemente su desarrollo. Lo mismo ocurre con el lenguaje. Se transforma en respuesta a los cambios en las cosas que tenemos que razonar y comunicar. Y, al igual que en los mercados laborales, nuestro lenguaje no siempre se mantiene al nivel de las consecuencias del progreso de la tecnología. Unas veces nuestras palabras no encajan; otras, los conceptos son tan nuevos que los términos correctos no existen todavía. Y ése es el problema. Resulta complicado entender lo que está sucediendo, por no hablar de la elaboración de planes y políticas adecuados, si no es capaz de hablar sobre ello.

El lenguaje se adapta para cubrir nuestras necesidades de maneras muy interesantes. En ocasiones, simplemente nos inventamos nuevas palabras, como *outroduction* (*outroducción*, en contraposición a introducción), *wackadoodle* (chalado), *cra-cra* (chiflado), *trick out* (equipar) y *fantabulous* (fabuloso). A veces, unimos dos palabras y fusionamos sus significados, como *brunch* (en inglés, desayuno más almuerzo), *smog* (humo más niebla), *motel* (motor más hotel).[1] Pero la mayor parte del tiempo empleamos con torpeza palabras an-

[1] Se denominan *portmanteaus* (maletas), una mezcla irónica de las palabras francesas *porter* (llevar) y *manteau* (abrigo).

tiguas para fines nuevos, apretando los dientes hasta que el significado que se ha ampliado o ha cambiado se vuelve común.

Uno de mis ejemplos favoritos de la adaptación de nuestro lenguaje a los avances tecnológicos es el significado de la palabra música. Thomas Edison inventó el gramófono en 1877, y Alexander Graham Bell lo mejoró en la década de los 80 del siglo XIX con el uso de cilindros de cera como medio de grabación. Antes de esa época, si quería oír música la única forma de hacerlo era escuchar a alguien tocar. Básicamente, no existía la noción de separación entre la acción de la producción y el sonido producido, ni tampoco había necesidad de considerar si en realidad hacer música era fundamental para el concepto.

¿Cómo reaccionó la gente al escuchar la primera grabación de música? Piense en la reacción molesta de John Philip Sousa, compositor de muchas marchas militares conocidas (como *The stars and stripes forever*). Sousa escribió una diatriba en respuesta a la aparición de los dispositivos de grabación en 1906, titulada *La amenaza de la música mecánica*. Afirmaba: «Pero hasta la fecha el transcurso completo de la música, desde el primer día hasta la actualidad, ha sido algo como expresar los estados del alma; en otras palabras, verter el alma en ella (...). El canto de un ruiseñor es precioso porque lo produce el propio ruiseñor (...). Los anfitriones de las máquinas de reproducción mecánica, con sus ganas locas de proporcionar música en todas las ocasiones, ofrecen la sustitución de la (...) orquesta de baile (...). Evidentemente no piensan que sea un ámbito demasiado amplio para sus incursiones ni una demanda demasiado extravagante». Concluía: «La música enseña todo lo bonito de este mundo. No la obstaculicemos con máquinas que cuentan la historia día a día, sin variaciones, sin alma, desprovistas de la alegría, la pasión y el fervor que solamente son patrimonio de los seres humanos».[2] En otras palabras, para Sousa la música real exigía el acto creativo de una persona que expresara sus sentimientos auténticos. En este sentido, una máquina no podía hacer música; el sonido que emanaba de ella no era lo mismo. Aunque sonase similar, le faltaba la fuerza emotiva necesaria para calificarla como música real.

Ni qué decir tiene que cualquier persona que adoptara esta postura en la actualidad sería considerada una chalada (*wackadoodle*). Qué absurdo, Sr. Sousa. Obviamente, la música es la música, independientemente de cómo se haga. Pero este argumento se repitió mucho más recientemente. Cuando surgió la grabación digital (en contraposición a la analógica) por primera vez, se encontró con la resistencia significativa de los aficionados a la música. Hubo una línea de pensamiento formal que afirmaba que algo se perdía, que una parte del alma desaparecía de la música cuando se representaba en formato digital. Muchas personas creían que la música digital sonaba apagada inevitablemente y le faltaba la profundidad y la sutileza de la analógica. Por ejemplo,

[2] John Philip Sousa, «The Menace of Mechanical Music», Appleton's 8 (1906), http://explorepahistory.com/odocument.php?docId=1-4-1A1.

Harry Pearson, fundador de la revista *The Absolute Sound* en 1973, siguió los pasos de Sousa (posiblemente sin saberlo) y declaró que «los LP (discos de vinilo) son definitivamente más musicales. Los CD merman el alma de la música. La implicación emotiva desaparece». Este sentimiento fue común entre los aficionados a la música. Michael Fremer, editor de *Tracking Angle* (revista de crítica musical) afirmó en 1997: «El formato digital conserva la música de la misma manera que el formaldehido conserva a las ranas: la mata y hace que dure para siempre».[3]

Ni qué decir tiene que cualquier persona que adoptara esta postura en la actualidad sería considerada una chiflada (*cra-cra*). Qué absurdo, Sres. Pearson y Fremer. Obviamente, la música es la música, independientemente de cómo se almacene. De esta manera, nuestro concepto actual de música incluye tanto las grabaciones analógicas, que Sousa rechazaba, como las digitales, que Pearson y Fremer censuraban. Misma palabra, significado ampliado.

No obstante, antes de que descartemos a todos estos caballeros como prisioneros de sus propios puntos de vista anticuados y poco ilustrados, piense cómo se sentiría si en el futuro sus hijos le pidieran a un ordenador que pusiera la música de Michael Jackson, y en lugar de reproducir alguna de las grabaciones reales del rey del pop compusiera y sintetizara de manera instantánea una serie de pistas idénticas a sus propios trabajos, que no ha realizado nadie íntimamente relacionado con su obra real y que incluyera su estilo vocal único. ¿Consideraría que esta creación artificial no es música real, y sin duda no es el verdadero Michael Jackson, porque no fue originada en absoluto por un artista humano, ni por supuesto por el propio maestro? (¿Por qué toleraría esto una persona? Para ahorrarse los cánones, obviamente. No violaría sus derechos de autor).

Es posible que sienta la tentación de considerar esta discusión sobre el significado de la palabra música como pedantería inútil, pero estaría equivocado. Las palabras que utilizamos ejercen un impacto muy efectivo y serio en la forma en que pensamos y actuamos.

Piense, por ejemplo, en los vehículos autónomos (es decir, los coches sin conductor). Cuando se introdujeron por primera vez los automóviles a principios del siglo XX, la gente los denominaba «carros sin caballos» porque el carruaje de caballos era el punto de referencia más cercano con el que entender el concepto de esas máquinas modernas (¿cuánta gente sabe hoy en día que los caballos de vapor en realidad se refieren a la potencia real de los caballos?). Ahora hablamos de automóviles sin conductor por las mismas razones. Ambas frases son ejemplos de la definición de tecnologías nuevas desde el punto de vista de las antiguas, pero al hacerlo las palabras ocultan su verdadero po-

[3] Harry Pearson se cita en http://en.wikipedia.org/wiki/Comparison_of_analog_and_digital_recording, modificado por última vez el 11 de diciembre de 2014; Michael Fremer es citado por Eric Drosin, «Vinyl Rises from the Dead as Music Lovers Fuel Revival»" Wall Street Journal, 20 de mayo de 1997, http://www.wsj.com/articles/SB864065981213541500.

tencial. Un automóvil sin conductor suena a una tecnología nueva y fantástica con la que equipar su siguiente vehículo, como los sensores de aparcamiento o las cámaras traseras. Simplemente se trata de su coche antiguo, salvo que ahora no tiene que conducirlo usted. Pero lo que ocurre es que esta tecnología nueva va a cambiar de forma dramática la manera en la que pensamos en el transporte, con consecuencias sobre la sociedad mucho mayores que lo que sugieren estas palabras. Una definición mejor sería tránsito personal público.

¿Por qué público? Una vez que esta tecnología sea algo común, habrá pocos motivos válidos para tener un coche. Cuando necesite uno, simplemente llamará como lo haría para pedir un taxi en la actualidad, pero aparecerá de manera mucho más rápida y fiable (la mayoría de los estudios suponen que la espera media en áreas metropolitanas sería entre uno y dos segundos aproximadamente, incluyendo horas punta). Cuando desembarque, se irá tranquilamente al área de preparación más próxima a esperar la llamada del siguiente pasajero. Dentro de unas décadas, pensará en comprar su propio coche de la misma manera que pensaría hoy en comprar un coche de ferrocarril privado.[4]

Las consecuencias económicas, sociales y medioambientales son difíciles de sobrevalorar. Los estudios prevén que los accidentes de tráfico disminuirán un 90 por ciento, lo cual salvaría un equivalente en vidas humanas a diez ataques del 11-S al año solamente en Estados Unidos. Los accidentes de coche provocan 4 millones de heridos más al año, que cuestan más de 870 mil millones de dólares anuales solamente en EE. UU.[5] También daría lugar al ahorro simultáneo en la aplicación de las normas de tráfico (policías en las carreteras), automóviles destrozados, reparación de vehículos y tribunales de tránsito. Por no mencionar que sólo necesitaremos un vehículo por cada tres de los que están actualmente en uso.[6] Y no hablamos de dentro de varios siglos; la opinión general de los expertos es que el 75 por ciento de los vehículos en las carreteras será autónomo dentro de entre veinte y veinticinco años.

Esta única innovación transformará el modo en que vivimos. Los garajes seguirán el camino de los retretes exteriores, y se reutilizarán las innumerables hectáreas de espacio valioso dedicado a aparcamientos, fundamentalmente a

[4] Era común a finales del siglo XIX. Las personas ricas podían convenir tener su propio coche de ferrocarril unido a un tren o, para mayor lujo y flexibilidad, acoplado a su propia locomotora privada.

[5] L. J. Blincoe, T. R. Miller, E. Zaloshnja y B. A. Lawrence, The Economic and Societal Impact of Motor Vehicle Crashes, 2010, informe n.º DOT HS 812 013 (Washington, D.C.: National Highway Traffic Safety Administration (2014), http://www-nrd.nhtsa.dot. gov/pubs/812013.pdf.

[6] Kevin Spieser, Kyle Treleaven, Rick Zhang, Emilio Frazzoli, Daniel Morton y Marco Pavone, «Toward a Systematic Approach to the Design and Evaluation of Automated Mobility-on-Demand Systems: A Case Study in Singapore», en Road Vehicle Automation, Springer Lecture Notes in Mobility 11, ed. Gereon Meyer and Sven Beiker, 2014, disponible en MIT Libraries, http://dspace.mit.edu/handle/1721.1/82904. Vea también David Begg, «A 2050 Vision for London: What Are the Implications of Driverless Transport?» Transport Times, junio de 2014, http://www.transporttimes.co.uk/Admin/ uploads/64165-Transport-Times_A-2050-Vision-for-London_AW-WEB-READY.pdf; http://emarketing.pwc.com/reaction/images/AutofactsAnalystNoteUS(Feb2013) FINAL.pdf

través de la construcción de grandes cantidades de inmuebles nuevos.[7] La contaminación ambiental se reducirá de manera significativa, así como los problemas de salud que provoca. Los adolescentes no sufrirán el rito de iniciación al aprendizaje de la conducción. Los embotellamientos serán un recuerdo curioso de tiempos primitivos, y posiblemente se eliminen los límites de velocidad por completo, lo que reducirá el tiempo de viaje al trabajo radicalmente. A su vez, ampliará la distancia a la que podrá vivir de su lugar de trabajo, lo cual disminuirá los costes de los inmuebles cerca de las ciudades y los aumentará en los más alejados. La productividad personal aumentará porque usted podrá hacer otras cosas en el coche aparte de conducir. Los seguros de los automóviles se convertirán en una cosa del pasado. Podrá irse de fiesta toda la noche a su bar local sin poner en riesgo su vida para volver a casa. El chico que reparte pizzas se convertirá en una máquina expendedora móvil. ¡Fabuloso! (*fantabulous*).

Piense en las consecuencias económicas para una familia normal. Según la Asociación Automovilística Estadounidense, en 2013 al propietario de un coche medio le costaba 9.151 $ anuales conducir quince mil millas (depreciación, combustible, mantenimiento y seguro incluidos, pero no los costes de financiación). Sin embargo, una familia promedio en Estados Unidos tiene dos coches como mínimo,[8] así que eso supone alrededor de 18.000 $ al año, lo cual asciende a 60¢ por milla, en contraposición a la estimación de 15¢ por milla en gastos de explotación para los vehículos autónomos compartidos.[9] De esta manera, una familia normal apreciaría una reducción de su coste de transporte personal del 75 por ciento, además de que ya no necesitaría pagar o pedir prestado el dinero para adquirir coches desde un principio. Supone un ahorro de prácticamente el equivalente a lo que una familia gasta en alimentación actualmente, incluidas las comidas fuera de casa.[10] ¿Cuánto dinero extra para gastos tendría si toda su comida fuera gratis? Según un análisis de Technology Review de MIT en 2014, existe un «posible beneficio económico para Estados Unidos del orden de más de tres billones de dólares al año».[11] Supone un increíble 19 por ciento de PIB actual.

[7] Según Brad Templeton, asesor del coche autonómo de Google: «En Los Ángeles se estima que más de la mitad de los bienes inmuebles están dedicados a los automóviles (carreteras e inmediaciones, vías de acceso, aparcamientos)». Blog personal, acceso el 29 de noviembre de 2014, http://www.tem pletons.com/brad/robocars/numbers.html.

[8] Libro de datos del transporte de energía, tabla 8.5, Centro para el Análisis del Transporte, Laboratorio Nacional Oak Ridge, acceso el 29 de noviembre de 2014, http://cta.ornl.gov/data/ chapter8.shtml.

[9] Lawrence D. Burns,William C. Jordan y Bonnie A. Scarborough, «Transforming Per- sonal Mobility», the Earth Institute, Universidad de Columbia, 27 de enero de 2013,http://sus tainablemobility.ei.columbia.edu/files/2012/12/Transforming-Personal-Mobility-Jan-27-20132.pdf.

[10] Los costes de alimentación representaron un 12,8 de los gastos de 2012. «Consumer Expenditures in 2012», tabla A (alimentos divididos por gastos medios anuales), informes de la Oficina de Estadística Laboral, marzo de 2014, http://www.bls.gov/cex/csxann12.pdf.

[11] Emilio Frazzoli, «Can We Put a Price on Autonomous Driving?» MIT Technology Review, 18 de marzo de 2014, http://www.technologyreview.com/view/525591/can-we-put-a-price-on-autonomous-driving/.

En resumen, esta única aplicación de la tecnología de la IA lo cambia todo. Ella sola hará que seamos mucho más ricos y sanos y estemos más seguros. Destruirá puestos de trabajo actuales (los conductores de taxi, por nombrar uno) y creará otros nuevos (porteros de clubes de coches compartidos para ir al trabajo, por ejemplo).[12] Y existen muchísimas otras tecnologías prometedoras con consecuencias posiblemente análogas. Este motivo es la razón por la cual estoy absolutamente seguro de que nuestro futuro será muy positivo si podemos averiguar cómo distribuir de manera equitativa los beneficios.

Veamos otro ejemplo de cambio en el lenguaje para adaptar la nueva tecnología; éste fue previsto por Alan Turing. En 1950, escribió un ensayo reflexivo llamado *Equipos informáticos e inteligencia*, que comienza con estas palabras: «Propongo considerar la pregunta: ¿Pueden pensar las máquinas?». Continúa definiendo lo que denomina «juego de imitación», que hoy conocemos como test de Turing. En el test de Turing, un ordenador trata de engañar a un juez humano para que piense que es un ser humano. El juez tiene que seleccionar al ordenador entre un elenco de participantes humanos. Todos ellos están separados físicamente de los jueces, que se comunican con ellos a través de texto únicamente. Turing supone: «Creo que en un período de unos cincuenta años será posible programar los ordenadores (...) para que jueguen al juego de imitación tan bien que un interrogador medio no tendrá más de un 70 por ciento de posibilidades de identificarlo correctamente tras cinco minutos de interrogatorio».[13]

Como cabe imaginar, los frikis entusiastas de la informática organizan estas competiciones de manera regular, y en 2008 los intelectos sintéticos eran tan buenos como para engañar a los jueces haciéndoles creer que eran humanos un 25 por ciento de las veces.[14] No está mal, teniendo en cuenta que la mayoría de los participantes habían sido programados por aficionados en su tiempo libre.

El test de Turing ha sido interpretado de manera general como un tipo de ritual sobre la llegada a la adultez de la IA, un umbral a partir del cual las máquinas habrán demostrado una capacidad intelectual que merezca el respeto humano. Pero esta interpretación del test es errónea; no era en absoluto lo que Turing tenía en mente. Una lectura detallada de su artículo revela en realidad un propósito diferente: «Creo que la pregunta original "¿Pueden pensar las máquinas?" carece de demasiado sentido para merecer un debate. Sin embar-

[12] ¿Qué harían esos porteros? Es posible que le llevaran el café por la mañana y tuvieran lista su bebida favorita para el regreso a casa, mientras se relaja en uno de los quizá cuatro asientos capitán de la furgoneta, provista de una bandeja extensible y un sistema de entretenimiento, similar al asiento de un avión de primera clase.

[13] Alan Turing, «Computing Machinery and Intelligence», Mind 59, n.º 236 (1950): 433–60, http://mind.oxfordjournals.org/content/LIX/236/433.

[14] http://en.wikipedia.org/wiki/Loebner_Prize#Winners, última modificación el 29 de diciembre de 2014.

go, considero que a finales de siglo *el uso de las palabras y la opinión formada general habrán cambiado tanto que una persona podrá hablar de máquinas que piensan sin esperar ser contradicha*» (se ha agregado la cursiva).[15]

En otras palabras, Turing no intentaba determinar un test que las máquinas deben pasar para unirse a las filas de los inteligentes, sino que suponía que para finales de siglo el significado de palabras como pensar e inteligencia se modificarían para incluir a cualquier máquina que pudiera superar su test, de la misma manera que el significado de la palabra música ha cambiado para adaptarse al resultado de las máquinas que pueden reproducir el sonido que hace un músico. La previsión de Turing trataba más del significado aceptado de las palabras que de la capacidad de las máquinas.

Resulta un poco complicado imaginar cómo habría reaccionado en 1950 si alguien hubiera hecho referencia a un ordenador que pueda desempeñar sus funciones como pensante, pero tengo la firme sospecha de que sería bastante chirriante o parecería una analogía en el mejor de los casos. Mi suposición es que si volviera atrás en el tiempo con su iPhone de Apple para hacer una demostración de Siri, su módulo de lenguaje natural de preguntas y respuestas, la gente estaría desconcertada. Al ser los seres humanos las únicas piedras de toque pertinentes para entender a su extraño golem, es posible que se hubiera cuestionado con seriedad si era aceptable moralmente condenar a este ser, aparentemente sensible, a vivir una existencia solitaria confinado a un bloque diminuto y rígido. Sin embargo, hoy en día Apple define a Siri habitualmente como asistente inteligente sin ninguna oposición notable, y nadie en su sano juicio piensa que Siri también tiene mente.[16] Además, parece algo perfectamente razonable describir a Watson de IBM, que juega a *Jeopardy!*, como pensante en relación con sus respuestas e inteligencia demostrada, aunque ninguna persona razonable le atribuiría las cualidades destacadas de un alma humana, sean cuales sean. Aunque sin duda Watson puede responder preguntas sobre sí mismo con bastantes detalles y monitoriza claramente sus propios procesos de pensamiento, difícilmente parece adecuado llamarlo introspectivo. Turing merece pleno reconocimiento; es evidente que tenía bastante razón.

Resulta sencillo mirar por encima del hombro con la ingenuidad de tiempos pasados, pero quizás nos concedería una pausa para darnos cuenta de que tal vez estemos en el otro extremo de dicho cambio, bastante posiblemente de nuestras vidas. Parafraseando a Turing, preveo que en un período de cincuenta años el uso de las palabras y la opinión formada general habrán cambiado tanto que una persona podrá hablar de intelectos sintéticos como entes vivos sin esperar ser contradicha. Para saber el motivo, debe entender la manera en

[15] Turing, «Computing Machinery and Intelligence», 442.

[16] Paul Miller, «iOS 5 includes Siri "Intelligent Assistant" Voice-Control, Dictation for iPhone 4S Only», The Verge, 4 de octubre de 2011, http://www.theverge.com/2011/10/04/ ios-5-assistant-voice-control-ai-features/.

la que estas creaciones podrían escaparse de nuestro control y convertirse en «silvestres».

Como he dicho en el capítulo 5, existen muchas posibilidades de que los intelectos sintéticos suficientemente capaces sea reconocidos como «personas artificiales» desde el punto de vista de la ley, a todos los efectos prácticos y económicos.

Pero es un camino difícil. Se consideraría adecuado atribuir algunos derechos a personas artificiales a corto plazo, pero podrían sembrar el caos en la sociedad humana a largo plazo. Los más críticos son los derechos a firmar contratos y poseer patrimonio.

Parecen bastante ordinarios; después de todo, las empresas pueden hacer ambas cosas. Pero los riesgos reales surgen debido a una diferencia entre empresas e intelectos sintéticos que se pasa por alto fácilmente: los intelectos sintéticos son capaces de tomar medidas por sí mismos, mientras que las empresas necesitan que personas actúen como agentes. No hay nada que detenga a un intelecto sintético si está consagrado por la ley como persona artificial o envuelta toscamente en una estructura corporativa para ser mejor que nosotros en nuestro propio juego. Dichas entidades podrían amasar grandes fortunas, dominar mercados, adquirir terrenos, poseer recursos naturales y en último término emplear a legiones de seres humanos como representantes, fiduciarios y agentes; todo ello en el caso de que se dignaran a utilizarnos en lo más mínimo.

Quizás piense que es una locura. Después de todo, alguien tiene que ser el propietario y, por tanto, controlar a estas máquinas infernales. Pero no es correcto. Los empresarios y magnates ambiciosos –grupos a los que no se les conoce por su carencia de ego– pueden conservar versiones autogestionadas y autoreguladas de sus empresas para las generaciones futuras a través de los medios jurídicos actuales, como los fiduciarios. La historia está repleta de ejemplos de magnates que limitan el control de sus imperios a sus herederos mucho después de su fallecimiento (por ejemplo, la familia de John D. Rockefeller). ¿Quiere conservar esa herencia? Quite las manos de la máquina automatizada de dinero del abuelo.

Se puede poner peor. Los herederos en cuestión pueden ser la propia entidad. Si una persona artificial puede poseer activos, también puede ser la propietaria de otras personas artificiales. Un robot puede adquirir y dirigir una flota de los de su especie. No obstante, la expectativa de que una persona artificial sea su propia propietaria es más aterradora. Una empresa no puede hacerlo porque requiere que haya personas que la dirijan y actúen en su nombre; alguien debe estar ahí para encender las luces y firmar los contratos. Pero un intelecto sintético no está sujeto a esta restricción. De hecho, existe un concepto de dirección, al que muchas empresas aspiran, denominado «fábrica oscura», que significa que una instalación está tan automatizada que no hay razón alguna para gastar dinero en luces. Si le añade la capacidad de negociar y firmar contratos, la persona artificial no necesitará nada más. En principio, puede comprarse a sí misma y continuar funcionando, con el enfoque de una nueva era del concepto de *management buyout* (compra de una empresa por sus directivos).

Aunque pueda parecer extraño, existe un precedente en la historia estadounidense: los esclavos, que eran considerados propiedad, podían adquirir su propia libertad. Ni qué decir tiene que era bastante difícil, por no decir imposible. De hecho, en 1839 casi la mitad de la población de antiguos esclavos de Cincinnati, Ohio, eran libertos que se habían comprado a sí mismos.[17]

Este supuesto no necesita mucho en términos de inteligencia para la persona artificial. No tiene que tener conciencia plena, ser consciente de sí misma, ni inteligente, en líneas generales, de la forma en que lo somos los seres humanos. Simplemente debe ser autosuficiente e idealmente capaz de adaptarse a las circunstancias cambiantes, como lo hacen los virus simples hoy en día.

¿Qué ocurre después? Después de eso, las cosas se vuelven un poco extrañas. Nuestras vidas siguen mejorando, ya que estos entes nos ofrecen lo suficiente por el mismo precio para tentarnos a negociar con ellos. Pero nuestra proporción de mejora quizás sea mediocre en comparación con el valor creado. Los activos acumulados terminarán sepultados en reservas invisibles de recursos o cuentas extraterritoriales intocables para ser usadas sin un fin específico ni beneficio para la humanidad, sin que nadie se entere. Es posible que se invierta literalmente: extraer oro, ocultándolo de nuevo en el suelo, en un intento equivocado de guardar el capital para sacarlos del apuro en caso de tiempos difíciles, de acuerdo con los objetivos determinados para ellos por sus creadores frugales olvidados hace mucho tiempo.

El robot ilustre *Armageddon* del libro y la película en realidad no se desarrollaría en un conflicto bélico. Las máquinas no se rebelarán ni recurrirán a las armas para desafiar nuestra supremacía. En lugar de eso, será una toma lenta e insidiosa del poder, apenas perceptible ya que nosotros cederemos el control voluntariamente a los intelectos sintéticos beneficiosos aparentemente. A medida que aprendamos a confiar en estos sistemas para que nos transporten; nos presenten a posibles amigos; personalicen nuestras noticias; protejan nuestra propiedad; controlen nuestro medio ambiente; cultiven, preparen y sirvan nuestra comida; enseñen a nuestros hijos; y se preocupen por nuestros mayores; resultará sencillo ignorar el panorama más amplio. Nos ofrecerán lo mínimo necesario para mantenernos contentos mientras se meten en el bolsillo el exceso de beneficios, como hace cualquier ejecutivo comercial inteligente.

Los primeros atisbos de ello ya son visibles. Por ejemplo, Bitcoins. Es una moneda nueva que sólo existe en el ciberespacio y no está controlada por na-

[17] Loren Schweninger, Black Property Owners in the South, 1790–1915 (Champaign: University of Illinois Press, 1997), 65–66.

die. Fue inventada por una persona o entidad anónima llamada Satoshi Nakamoto. Nadie sabe quién –o qué– es, pero está claro que no controla la producción, la gestión ni el valor de su creación. A pesar de los intentos tibios de regular o legitimar los bitcoins, tampoco lo han hecho los gobiernos. Ni ninguna otra persona, de hecho. Siempre y cuando puedan convertirse a otros activos de valor o a partir de éstos –ya sea legal o ilegalmente en cualquier parte del mundo–, los bitcoins continuarán existiendo y encontrando adeptos. Lo que no queda claro es si Nakamotosan, o quien quiera que sea, se está beneficiando de su invento. Es totalmente posible que un escondite privado de bitcoins esté creciendo en valor, sin ser visto y en secreto. La entidad que originó el concepto posiblemente tenga miles de millones de dólares en bitcoins privados confiscados en un archivo electrónico en algún lugar (en el momento de escribir esto, el valor de mercado total de los bitcoins es alrededor de cinco mil millones de dólares). Pero el potencial de la tecnología que subyace en los bitcoins va mucho más allá de ser simples monedas. El concepto ahora se está expandiendo para incluir contratos ejecutables e irrompibles entre partes anónimas.[18] Así que en el futuro es totalmente posible que usted sea contratado, pagado y despedido por alguien o algo cuya identidad desconozca. ¿Por qué toleraría esto? Por el dinero, obviamente.

Los virus informáticos son otro ejemplo de programas informáticos silvestres. Se reproducen y a veces incluso mutan para evitar ser detectados. Sin importar cómo empiezan, frecuentemente nadie los controla.

El término vida en la actualidad está reservado para las criaturas biológicas, pero para entender correctamente a estos sistemas tendremos que ampliar su significado habitual para incluir ciertas clases de entes electrónicos y mecánicos. Nuestra relación con ellos será más parecida a la que tenemos con los caballos o los coches: criaturas poderosas (y hermosas) capaces de conseguir velocidades y proezas que sobrepasan las habilidades humanas, pero potencialmente peligrosas si no se gestionan y mantienen con cuidado.

También es posible que sean más parasitarias que simbióticas, como los mapaches. Hasta donde yo sé, los mapaches no nos proporcionan nada de valor a cambio de alimentarles; simplemente se aprovechan de una debilidad de nuestro sistema de recogida de basuras en su propio beneficio.

El problema es que cuanto menos esté un ser humano al corriente, menor es la posibilidad que tenemos de ejercer influencia, y mucho menos ponerle fin, sea cual sea la directiva o el objetivo que a estos entes se les haya determinado alcanzar. Los intelectos sintéticos tienen el mismo potencial de peligro que los organismos modificados genéticamente, que pueden propagarse incluso si una simiente se pierde sin ser advertida. Cuando eso ocurre, no hay

[18] Vitalik Buterin, «Cryptographic Code Obfuscation: Decentralized Autonomous Organizations Are About to Take a Huge Leap Forward», Bitcoin, 8 de febrero de 2014, http://bitcoinmagazine.com/10055/cryptographic-code-obfuscation-decentral ized-autonomous-organizations-huge-leap-forward/.

vuelta atrás. Y es el motivo por el que tenemos que tener mucho cuidado con lo que hacemos en las próximas décadas. De la misma manera que hemos implementado lo que esperamos que sean unos controles lógicos para la investigación biológica de algunas clases, vamos a tener que instaurar los controles correspondientes por los que permitiremos que se creen, utilicen y vendan algunos tipos de intelectos sintéticos y falsos trabajadores.[19]

Entonces, ¿quién estará al frente? Es una pregunta muy turbia. Como padre, puedo garantizarle que existe una pequeña y valiosa diferencia entre ser padre y sirviente. Por supuesto, soy papá, así que estoy al frente. De verdad. No me mire así. De acuerdo, entonces tengo que dormir cuando el bebé lo hace. Tengo que alimentarle cuando tenga hambre. Tengo que vigilarle para asegurarme de que no se hace daño. ¿Ha intentado alguna vez echar a dormir a un bebé cuando no quiere? Es una batalla de proporciones épicas que sólo termina si el bebé realmente decide irse a dormir.

Puedo negarme a hacer todo este tipo de cosas, pero no si quiero que el bebé sobreviva o, más clínicamente, si quiero propagar mis genes. Siempre y cuando lo quiera tener cerca, sea cual sea el motivo, hay que ser realistas: el bebé está al frente.

Muy pronto vamos a vivir en un mundo de intelectos sintéticos en el que la persona que esté al frente será cuestionable igualmente. Piense en uno de los primeros ejemplos destacados que posiblemente ya le resulte conocido sin darse cuenta: los frenos antibloqueo (ABS). Actualmente, mi coche hace lo que yo quiero hasta que doy un frenazo. Entonces decide la fuerza que decide aplicar a cada rueda con el fin de asegurar que el automóvil sigue recto. Si hay hielo, puede decidir no reaccionar en absoluto.

El valor del ABS es lógico, pero su aceptación por parte de los consumidores es un triunfo tanto del *marketing* como de la tecnología avanzada de la automoción. Como se describe en Wikipedia: «[ABS] es un sistema automatizado que utiliza los principios de frenado a fondo y progresivo que ejercían los conductores hábiles con los sistemas de frenado de la generación anterior. Lo realiza mucho más rápido y con un mayor control del que un conductor podría manejar. El ABS normalmente ofrece una mejora del control del vehículo y disminuye las distancias de frenado en superficies secas y resbaladizas para muchos conductores; sin embargo, en superficies deslizantes, calzadas cubiertas de gravilla o nieve, los ABS pueden aumentar significativamente la distancia de frenado, aunque continúen mejorando el control del vehículo».[20] En otras palabras, el hecho de presionar el pedal de frenado de su automóvil es simplemente una sugerencia para que se detenga. A partir de ahí se encarga un ordenador.

[19] Puede ver un análisis detallado excelente de este problema en Nick Bostrom, Superintelligence (Oxford: Oxford University Press, 2014) de Wendell Wallach and Colin Allen.

[20] http://en.wikipedia.org/wiki/Anti-lock_braking_system, última modificación el 30 de diciembre de 2014.

Ahora considere que el ABS podría haber sido promocionado como aplicación de inteligencia artificial, tal como «gracias a la tecnología informática avanzada, su automóvil ahora puede hacer que se detenga por medio de la simulación de las capacidades de un conductor profesional. Al percibir las condiciones de la carretera, la fuerza de sus ruedas y la dirección del desplazamiento, un ordenador inteligente decide cómo aplicar mejor los frenos cuando presiona el pedal para garantizar que su coche se detiene de manera controlada». Pero sospecho que los clientes tal vez se habrían resistido a este adelanto si lo hubieran lanzado tal como es: una pérdida de control individual a favor de un algoritmo flexible, ejecutado en un ordenador que implementa una estrategia concreta de frenado en respuesta a las entradas en tiempo real por parte de los sensores (IBM pudo aprender del sector de la automoción la forma en que promociona su iniciativa tecnológica de «computación cognitiva» Watson).

En la actualidad, todo esto suena bastante inocente hasta que se da cuenta de que está delegando, además del control de sus frenos, su capacidad para tomar una posible decisión ética de salvar (o amenazar) vidas. Es totalmente posible que pudiera intentar hacer derrapar al coche o, como he mencionado anteriormente, hacer que se detenga lo más rápido posible en la nieve, sin importar el control de su dirección, con el objetivo de evitar atropellar a un peatón. Pero cuando entrega las llaves al ABS, el objetivo programado del automóvil de mantener la tracción sobrepasa sus intenciones, al coste potencial de una vida humana.

Es un precursor de lo que se avecina. A medida que cedemos el control a las máquinas, también les trasladamos decisiones morales, o incluso personales, importantes. El día de mañana, el taxi autónomo al que he llamado quizás decida no transportarme porque parezca que estoy ebrio, lo que sobrepasa mi necesidad de ir al hospital o escapar de una situación peligrosa. Tal vez descubramos estos enigmas demasiado tarde para hacer algo. Por ejemplo, cuando dependamos de una red generalizada y compleja de sistemas autónomos para cultivar, procesar, entregar y preparar nuestra comida, resultará muy complicado desactivarlo sin condenar a millones de personas a la hambruna.

Es posible que pensemos que estamos explorando el espacio por medio de las misiones robotizadas, pero en realidad ellas son las únicas que están realizando la colonización. Piense hasta qué punto es mucho más eficiente lanzar misiones robotizadas cada vez más competentes a Marte, en lugar de intentar enviarnos a alguno de nosotros.

Entonces, ¿qué será realmente diferente en el futuro en relación con el pasado? En el pasado, educábamos a nuestros hijos como queríamos. En el futuro, llegaremos a diseñar a nuestros progenitores en forma de máquinas inteligentes. Posiblemente nos ofrecerán esparcimiento y una libertad sin precedentes, ya que se harán cargo de la mayor parte del trabajo duro y desagradable. Pero también puede que sean nuestros administradores y eviten que perjudiquemos al entorno y a nosotros mismos. El problema es que quizás sólo tengamos una oportunidad de diseñar estos sistemas para cubrir nuestros intereses; tal vez no exista la posibilidad de hacerlo de nuevo. Si lo estropeamos, será difícil o prácticamente imposible arreglarlo. Los intelectos sintéticos a la larga decidirán lo que está permitido y lo que no, las normas que todos debemos seguir. Posiblemente empiecen con el ajuste de las rutas de viaje basándose en la congestión del tráfico, pero podrían terminar controlando dónde vivimos, qué estudiamos y con quién nos casamos.

Ahora mismo, en el comienzo de esta nueva era dorada, tenemos que elegir. Podemos determinar las condiciones iniciales. Pero después de eso tendremos poco control (o ninguno) y tendremos que vivir con las consecuencias de nuestras propias decisiones. A medida que estos sistemas sean cada vez más autónomos, exigirán cada vez menos supervisión humana, algunos de ellos posiblemente empiecen a diseñar a sus propios herederos, independientemente de los fines por los que los seleccionen o sin tener ningún fin perceptible en absoluto.

Así que, al final, ¿por qué nos mantendrán a su lado estas destacadas creaciones? Me imagino que precisamente porque tenemos conciencia, ya que tenemos experiencia y emociones subjetivas; no existe ninguna prueba hasta ahora de que ellos tengan algo así. Quizás quieran mantener una reserva de estas valiosas capacidades, de la misma manera que nosotros queremos conservar a los chimpancés, las ballenas y otras criaturas en peligro de extinción. O tal vez nos dejen explorar nuevas ideas; es posible que se nos ocurra alguna innovación ética o científica que ellos no poseen o no saben. En otras palabras, puede que nos necesiten por nuestras mentes, al igual que nosotros necesitamos a los animales por sus cuerpos. Mi mejor pronóstico es que nuestro «producto» serán las obras de arte. Si carecen de la capacidad para experimentar el amor y el sufrimiento, les resultará complicado captar estas verdaderas emociones en formas expresivas creativas, como señaló Sousa.

Los intelectos sintéticos colaborarán con nosotros siempre que lo necesiten. Con el tiempo, cuando puedan diseñar, reparar y reproducirse por sí mismos, posiblemente nos dejen solos. ¿Nos esclavizarán? Realmente, no. Nos conservarían en granjas o reservas, con una vida tan agradable y cómoda que tendríamos poca motivación para atrevernos a traspasar sus límites. No competimos por los mismos recursos, así que es posible que sean completamente indiferentes –como nosotros lo somos para las lombrices o los nematodos– o paternalistas, como lo somos para nuestras mascotas.

No obstante, no tenemos que preocuparnos por eso ahora; es poco probable que ocurra en un período de tiempo que nos afecte a usted y a mí. Pero suponga que esto ocurre con el tiempo: ¿dónde estarían los límites exactos de nuestra reserva? Bueno, ¿qué le parece la superficie de la Tierra y los océanos? ¿Por qué? Los intelectos sintéticos pueden ir a cualquier parte –al espacio, bajo tierra o bajo el agua– y nosotros, no. Y nos parecerá bien, como si se retiraran, similar a los chips informáticos reducidos de su teléfono inteligente, que parecen estar contribuyendo a nuestro bienestar todo el tiempo. Nada de esto quedará claro hasta que intervengan para evitar que nos perjudiquemos a nosotros mismos. Ahí es cuando sabremos la verdad: quién es el cultivador y quién el cultivado.

La Tierra podría convertirse en un zoo sin vallas ni cercas, un terrario literalmente, provisto solamente de luz solar y soledad, y un leve empujón de nuestros cuidadores mecánicos para que las cosas continúen según lo previsto, una mano amiga acogida por nosotros por el bien de todos.

AGRADECIMIENTOS

Estoy muy agradecido a los lectores y críticos por sus comentarios y sugerencias razonadas, incluyendo a Stan Rosenschein, Wendell Wallach, Michael Steger, Randy Sargent, George Anders, Pam Friedman, Elaine Wu, Kapil Jain y Kenneth Judd. Y, por supuesto, a mi editor competente y meticuloso, Joe Calamia (aquejado desde una edad temprana de alergia a la voz pasiva, pero quizás sea persuadido para dejar pasar ésta); mi corrector perfeccionista, Robin DuBlanc, conjuntamente con sus compañeros de Yale University Press.

Gracias también a Richard Rhodes por remitirme a mi agente literaria, Emma Parry de Janklow & Nesbit Associates, cuya búsqueda atenta y obstinada del acuerdo en nombre de sus autores debería ser un modelo para los abogados de todo el mundo (la próxima vez un superventas, ¡prometido!).

Varias personas han sido generosas con su tiempo y han consentido ser entrevistadas, incluyendo a Emmie Nastor, Mark Torrance, George John y Jason Brewster.

Fei Fei Li y Mike Genesereth (ambos del laboratorio de IA de Stanford) me animaron gentilmente a impartir un curso sobre este tema y después a adaptar algunas de mis clases en este libro. Fanya Montalvo me sugirió la idea de «Mi mercado», que ofrecía descuentos por las adquisiciones de acciones, en lugar de los cupones habituales.

Además, me gustaría reconocer que el título de este libro no es original; lo he tomado prestado de un pequeño vídeo espectacular que lleva el mismo nombre, realizado por el famoso y solitario C. G. P. Grey. Soy un gran fan. Eche un vistazo a su trabajo en YouTube.

Por último pero no menos importante, gracias a mi increíble esposa, Michelle Pettigrew-Kaplan, por permitirme anotar ideas en tarjetas durante lo que de otro modo se hubiera interpretado como momentos románticos. Esperemos que no lea las partes personales de este manuscrito hasta que sea demasiado tarde para hacer cambios.

¡Ups! Se me olvidaba mencionar a los niños (Chelsea, Jordan, Lily y Cami). Hola, chicos. ¿Sabéis qué? ¡He terminado el libro!

ÍNDICE

B

C

D

E

F

G

H

I

J

K

L

M

N

O

P

Q

R

S

T

U

V

W

Y

Z